꽃 피는 삶에 홀리다

손철주 에세이

꽃 피는
삶에
홀리다

오픈하우스

글맡에서

눈이 나빠져 병원에 갔더니 의사가 시야가 좁아지고 있다고 말했다. 시야가 좁으면 어떻게 될까. 나쁠 게 없다. 보이는 것만 보면 된다. 본다고 다 보이지도 않는다.

귀가 나빠져 병원에 갔다. 의사는 가는귀라고 걱정했다. 괜찮다. 큰소리치기를 바라지 않거니와 들리는 것만 들으면 된다. 듣는다고 다 들리지도 않는다.

보이는 것 들리는 것 모았더니 책이 되었다. 보고 들은 바가 적다. 게다가 희고곰팡슨 소리다.

아뿔싸, 문 열자 봄이 가고 버들개지가 진다. 구름 가고 구름 와도 산은 다투지 않는데, 봄이 오고 봄이 가면 삶은 이운다. 짧아서 황홀하다, 말하고 싶다.

손철주가 봄이 가자 쓴다

차
례

글맡에서   5

1장 꽃 피는 삶에 홀리다

꽃은 피고 지고   13

좋은 것 두고 떠나는 게 인생이야   17

자태는 기록하지 않는다   21

향기는 가고 냄새는 남다   25

없는 곳에 있는 사람들   28

죽은 개와 산 부모   31

삼 세 판이라고   34

호랑이 등에 탄 아내여, 내려오라   37

예쁜 남자   41

한 가지 일, 한 마디 말	45
내 사랑 옥봉	50
시들어버린 연꽃	55
우연은 누구 편인가	60
닿고 싶은 살의 욕망	65
사랑은 아무나 하고, 아무 때나 해라	69
지곡마을의 쪽빛 농사	77
침묵 속으로 달리다	81
옛사람의 풍경 하나	85
묘약을 어디서 구하랴	90
얘야, 새우는 너 먹어라	94
값비싼 민어를 먹은 죄	97
'누드 닭'의 효험	101
이중섭의 소가 맛있는 이유	104

2장 사람의 향기에 취하다

지나가는 것이 지나가는구나	111
연꽃 있는 사랑 이야기	116
입 다문 모란, 말하는 모란	122
방 안에 꽃 들여 놓으시지요	126
옷깃에 스친 인연	130
참 애석한 빈자리	134
부드럽고 구수하고 어리석고 아름다운	139
동풍에 쫓기는 배꽃 만 조각	144
살아도 산 목숨이 아니었구나	149
잊혀진 화가, 잊을 수 없는 사람	155
붓에게 띄우는 오래된 사랑가	159
산을 떠났나, 산이 떠났나	166
쪽빛 바다에 떠도는 한 조각 붉은 마음	172

3장 봄날의 상사相思를 누가 말리랴

마음이 없으면 보아도 보이지 않는다	193
오백 년 조선의 마음을 적신 시·서·화	201
속 깊은 선비의 못생긴 그림	209
산 자의 절망은 바다에서 깊어진다	224
봄날의 상사相思는 말려도 핀다	233
조선 백자 달항아리	240
게걸음 하는 사람	243
좀팽이들은 물렀거라	248
와사비 대신 버터	252
캐보나 마나 자주감자	256
애틋한 자매	261
내가 매력을 느낀 남자가 있냐고?	268
천하는 아무 일이 없다	275
영원을 부러워하지 않는 찰나	280

1장 : 꽃 피는 삶에 홀리다

신윤복 | 〈단오풍정〉 부분 | 18세기 | 간송미술관 소장

꽃은 피고 지고

아는 스님이 토굴에 들어가기로 작정하셨다. 돌아올 날은 기약하지 않았다. 긴 고행이 될 참이다. 해가 바뀌기 전에 떠난다기에 찾아뵙고 차를 나누었다. 스님은 시를 짓고 그림을 아끼는 분이다. 내 하찮은 풍류에도 대거리를 잘 해주신다. 푸얼차 몇 잔에 취한 척하며 성급히 석별의 정을 드러냈다. 스님은 기다렸다는 듯 나에게 작품 몇 점을 내보였다. 얼마 전 전시를 끝낸 서예가의 붓글씨인데, 마음에 들면 가져가란다. 망설이는 눈치를 보이자 스님이 하나를 권했다. 명말의 문인 진계유陳繼儒가 쓴 글을 옮겨놓은 것이다. 물론 한문이다. 뜻을 풀면 '문 닫으니 여기가 깊은 산이요, 책을 읽으니 곳곳이 정토로구나'가 된다. 예서체가 예스럽게 뭉툭해서 괜찮았다. 하지만 번잡한 속인에겐 갑갑한 글귀다. 용맹정진하는 스님에게 어울릴 터이다. 내키진 않았지만 그냥 받아왔다.

정작 돌아와서도 마음에 남은 붓글씨는 따로 있었다. 선조 대의 문장가 송한필의 오언시를 쓴 글인데, 초서의 민활한 흥취가 단박에 느껴지는 작품이었다. 무엇보다 시의 맛이 곱씹힌다. 본래 시의 뜻을 새기면 이렇다.

어젯밤 비에 꽃이 피더니

오늘 아침 바람에 꽃이 지네

가련하다, 한 해의 봄날이여

오고감이 비바람에 달렸구나

花開昨夜雨 花落今朝風 可憐一春事 往來風雨中

쉬운 언어에 담긴 통속성이 오히려 간곡한 미감을 풍긴다. 꽃은 봄의 열락이다. 그러한들 피고 지는 꽃이 비바람에 오가면 봄날이 무슨 수로 열락을 붙잡아둘까. 무력하고 덧없는 봄날이 실연한 여인의 뒷모습처럼 암암하다. 한시는 외기 쉬웠다. 스님 앞에서 나는 일부러 들으란 듯 음송했다. 대놓고 "이거 주시오" 할 수가 없었지 딴에는 생심을 보인 셈이다. 스님은 딴청을 피우듯 진계유의 글을 포장하신다. 그러고는 "문 닫아걸면 어디든 깊은 산이라……" 연신 되뇌셨다.

오는 해를 맞이하기보다 가는 해를 달래는 마음이 나는 앞선다. 새날은 끝내 낯설다. 묵은 날들의 저 깊고 오랜 정을 되살리는 데는 옛터만큼 좋은 곳이 없다. 새날의 해가 돋아나기 며칠 전, 집에서 가까운 남한산성을 찾았다. 북문에서 동문 가는 길 동장대 섰던 자리에서 발을 멈추었다. 여기는 새것과 헌것이 겨루는 곳이다. 그것이 기이한 풍경을 자아낸다. 복원이 마무리된 성곽은 늠름하다. 그러나 회춘한 역사라서 새퉁스럽다. 그 곁에 허물어진 성가퀴가 있다. 순명順命하는 노인의 자태다. 중국의 문필가 여추우余秋雨가 그랬던가, '폐허는 건축의 낙엽'이라고. 성가퀴는 무너져가는 힘으로 자신을 지탱한다. 폐허와 잔재의 어름에서 성가퀴는 망각에 빠지기 전 한 톨의 기억이나마 붙잡으려 한다. 나무를 추억하는 떨어진 잎사귀처럼. 그 안간힘을 보면 사라질 것들의 운명이 떠오른다. 새삼 발밑을 살피니 꽃들의 시신이 널브러져 있다. 여름날의 패랭이꽃과 가을날의 구절초와 자주쓴풀 들이 고스러진 채 뿌리를 드러냈다. 앙상한 억새는 바람에 허리가 꺾였다. 기쁜 지난날을 보여주던 꽃들이 바뀌는 날 앞에서 이처럼 가녀스럽다.

　스님이 토굴로 출발하며 내게 전화하셨다. 잘 가시라 잘 있어라 인사 끝에, 송한필의 시가 탐났다고 이실직고했다. 스님이 알은 척하며 한마디 던지신다. "피고 지는 꽃 연연하지 말고 비바람 탓하지 마소." 그게 안 주신 이유냐고 투덜댔더니, 스님은 내가 잊고 있던 시 하나를 기어이 상기시켰다. 고려 문인 이규보의 시다.

꽃 심으면 안 필까 걱정하고

꽃 피면 또 질까 걱정하네

피고 짐이 모두 시름겨우니

꽃 심는 즐거움 알지 못해라

種花愁未發 花發又愁落 開落摠愁人 未識種花樂

스님이 떠나도 새날이 오니 알겠다. 갈 것이 가고 올 것이 온다.

좋은 것 두고 떠나는 게 인생이야

브리지트 바르도는 짖어도 복날은 온다. 북한산 서북 자락의 계곡을 찾았으니 탁족濯足만으로 성에 차랴. 복넘이에 맞춘 시절 음식이 쌔고 쌘 곳인 줄 알고 온 일행은 그늘 아래 놓인 평상에서 허리춤부터 푼다. 메뉴는 일찌감치 정해졌다. 닭이냐, 개냐. 몇 순배 소주잔에 불콰해진 우리는 입안에서 녹는 육질에 연신 탄성을 지른다. 그래, 이 맛이야. 개숫물 먹고 먹물 트림은 못 하는 법이다. 개 먹으면 개소리 나온다. 거나한 기운에 화제는 수컷들의 시시덕거림으로 아연 활기를 띤다. 콸콸한 계곡물 소리가 그나마 상스러운 객담을 덮어주었다.

우리는 중늙은이다. 이야기는 남녀상열지사로 치닫다가 금방 회한의 나락으로 떨어진다. 저 젊은 여자들의 물오르는 푸르름을 뒤로하고 우리는 조락한다고 했다. 청춘은 축복이고 여자는 은총인데, 축복과 은총을 넘보는 우리의 눈길은 추파라고 했다. 닿을 수 없는 것은 아득한 것이 아니라 머쓱한 것이라고 했다. 육수가 식고서야 수다가 끊겼다. 시조를 쓰는 선배가 화제를 돌릴 양 들고 온 시집을 펴더니 한 수 읊었다.

나 이 세상에 태어나
지금까지 나무 한 그루 심은 적 없으니
죽어 새가 되어도
나뭇가지에 앉아 쉴 수 없으리
나 이 세상에 태어나
지금까지 나무에 물 한 번 준 적 없으니
죽어 흙이 되어도
나무뿌리에 가닿아 잠들지 못하리

제목은 「참회」다. 그리고 보니 이 시를 쓴 정호승 시인은 내내 입을 다물고 있었다. 그이 앞에는 다른 사람과 달리 붉은 육수가 아니라 흰 육수가 놓여 있다. 그는 닭백숙을 시켰다. 자작시를 낭송하자 그는 쑥스러운 웃음을 흘렸다. 잠시 뜸을 들이더니 그동안의 침묵을 갚을 작정으로 한마디 했다. "나는 산책길에서 마주치는 여고생들 얼굴을 쳐다볼 수 없어요. 그들이 고개 돌리면 나는 미안해집니다. 이제 그 길로 산책 나가지 않아요."

꿩은 꼭 매가 잡나. 어설픈 포수 노릇은 내가 가끔 하는 짓이다. 「참회」로 술자리가 급랭하는 바람에 화창和唱을 빙자해 나도 한 수 외기로 했다. 당나라 이상은李商隱이 쓴 「꽃 아래서 취해」다.

꽃 찾다가 꽃 못 보고 술에 취해
나무에 기대 잠들었더니 날은 기울어
나그네들 흩어지고 깨어보니 깊은 밤
촛불 들고 스러진 꽃이나마 찾아보노라
尋芳不覺醉流霞 依樹沈眠日已斜
客散酒醒深夜後 更持紅燭賞殘花

일행이 외려 울적해진다. 늙은 취객의 쓸쓸한 봄나들이가 떠올랐기 때문이다. 마지막 구절의 심상에 가슴이 저릿하단다. 화사한 꽃은 어느새 어디론지 사라지고 없다. 꺼져가는 촛불로 떨어진 꽃잎이나마 비춰보려는 저 안간힘. 나는 그 대목에서 추임새를 넣고 싶었다. 그러나 묻어버렸다. 북한산 자락은 어느 결에 땅거미가 점령했고 취객들은 권커니 잡거니 날을 샐 기세였다.

정발산 기슭에 고요히 엎디어 있는 노인이 되고 싶다는 소설 쓰는 선배는 '일산일로一山一老'를 자처한다. 웬 노인이 자전거를 그렇게 열심히 타는지 모르겠다. 내리막 최고 시속이 오십사 킬로미터나 되는 자전거 레이서라고 그는 문학지 프로필에서 기어코 밝힌다. 그 건강을 어디다 쓰는지 묻지 않았다. 그러나 언젠가 술자리에서 나에게 충고한 말은 받아들이기로 했다. "우리는 알류산 열도의 물개가 아니잖아. 언제까지 다 거느린 채 갈 수 없는 거지. 좋은 것 두고 떠나는 거라구."

　복날을 넘기고서 나는 소년기 한때를 보낸 포항, 그곳에서 멀지 않은 작은 포구로 휴가를 떠났다. 바닷물이 시퍼렇다. 그보다 더 시퍼런 젊은 남녀들이 코딱지만 한 수영복을 입고 헤엄을 쳤다. 에라, 나도 뛰어들었다. 왕년의 솜씨는 녹슬지 않았다. 물살을 가르며 이 바위에서 저 바위로 짓쳐나갔다. 나이는 들었지만 철딱서니 없는 누이들이 나를 보고 건너편에서 소리쳤다. "와, 오빠, 이제 보니 완전 물개네!" 힐끗 고개 돌려보았다. 젊은것들은 떼지어 몰려다녔다. 내 뒤에는 물개 한 마리 없었다.

자태는 기록하지 않는다

간 이식 수술을 받은 사람의 이야기를 들었다. 그는 수술 이전에 싱거운 음식만 먹어야 했다. 간이 나쁜 사람은 간을 맞춘 음식을 못 먹는 신세가 된다. 상태가 호전된 뒤에 소금으로 간을 친 음식을 먹고 나서 그는 희열에 들떠 외쳤다. "음식의 간은 삶의 질이다!" 간이 없으면 사는 게 사는 게 아니란 이야기다. 너무 맵거나 짜지 않다면 음식에서 간은 입맛을 돋우는 구실을 한다. 음식만 그럴까. "문장에 파란이 없으면 여인에게 곡선이 없는 것과 같다"고 말한 이는 수필가 임어당林語堂이다. 공자도 "말에 무늬가 없으면 멀리 가지 못한다"고 했다. 파란과 무늬는 음식에서 간과 같다. 말은 간이 맞아야 남을 설득하고, 글은 간이 들어가야 잘 읽힌다.

'모 아니면 도'인 세상은 무섭다. 진보냐 보수냐를 두고 목청을 높이는 정치판에서 비非진보나 비非보수는 맥을 못 춘다. 수천만 인구가 매달린다는 인터넷은 더하다. 안티 아니면 프로다. 그악스러울 정도로 싫어하고 무작스러울 정도로 좋아한다. 중용과 균형은 기회주의이거나 수상쩍은 대안이 된다. 이 강퍅한 난장에서 모질고 독해지는 것은 언어다. 말에 완곡함이 사라지고 글에서 행간이 증발한다. 인터넷 게시판을 보면 안다. 다짜고짜 육두문자로 시작한다. 욕설과 비속어는 그저 간투사일 따름이다. 말과 글에서 교행의 틈이 사라지고 있는 것이다. 말하는 본새와 글 쓰는 품새에 간을 맞추지 않으니 곱씹을 맛도 없다. 음미와 상상이 봉쇄된 말글에서 목도하는 것은 파시즘적 광증이다.

말투와 글투에 대한 걱정은 이 시대에 갑자기 든 생각이 아니다. 옛날에도 그런 우려는 있었다. 조선시대의 문체반정文體反正은 순정醇正을 빙자하여 독창성을 짓누르는 엇길로 나아가기도 했다. 다산 정약용은 문체의 변덕스러움을 깊이 고찰한 사람이다. 그는 문체를 물태物態와 인정의 표현이라고 보았다. "물태를 보노라면 천태만상이지만 그 까닭을 알아보니 모두가 냉冷과 온溫 두 가지 실상일 뿐이다. 인정 역시 천태만상이지만 그 까닭을 알아보니 모두가 이利와 해害 두 가지 실상일 뿐이다"라고 썼다. "물태에 근본을 두고 인정에 발로하는 법이니 문체가 이와 같다"는 것이 다산의 결론이다.

다산의 관찰은 언뜻 보면 도식화의 혐의가 짙다. 냉온이든 음양이든 물성의 본질을 무 자르듯 나누는 것하며 인정이 오직 이해관계에 따라 움직이는 것으로 파악한 것은 명쾌하긴 해도 편협성을 벗어나긴 어렵다. 그것은 또 다른 의미에서 '모 아니면 도'가 될 수 있다. 그러나 다산의 본심은 바로 그 양단이 지배하는 시대를 비판할 요량이었다. 그래서 그의 문체론은 분석과 반성을 겸한다. 그가 산 시대의 정서가 냉탕과 온탕을 강요했다. 다산은 그에 따른 말투와 글투의 미묘한 변질을 포착했다. 문장은 중정中正을 저버리고 시대의 폐단을 따라갔다. 백성의 말글살이가 굴러가는 꼴을 한탄한 셈이다. 그는 실제로 문체반정을 꿈꾸었고 사회변혁을 꾀했다.

　불문곡직하는 직설은 사람을 찌른다. 깜짝 놀라게 해서 제압하는 방식이다. 거기 비해 완곡함은 뜸을 들이면서 에두른다. 듣고 읽는 이가 비켜갈 틈을 준다. 그렇다고 완곡함이 곡필인 것도 아니다. 잘못된 길로 접어들도록 하는 게 아니라 화자와 독자의 교행이 이루어지는 공간을 준다. 곱씹어볼 말이 사라지고 상상의 여지를 박탈하는 글이 군림하는 세상은 살풍경하다. 말과 글이 세상을 따라갈진대 세상을 갈아엎지 않고 말과 글이 세상과 함께 아름답기는 난망한 일인가. 아마 아닐 것이다. 막힐수록 옛것을 더 듬으라고 했다. 물태와 인정이 극으로 나뉘는 세상에서 다산은 선인들이 왜 산을 바라보며 즐기되 그 흥취의 반을 항상 남겨두는지 궁금했다. 그는 미인을 만났던 사람이 적어놓은 글에서 그 까

닭을 발견했다. 그가 본 글은 이러했다. '얼굴은 아름다웠으나 그 자태는 기록하지 않는다.'

향기는 가고 냄새는 남다

아는 화가가 합죽선에 난초를 그려주었다. 너덧 개 잎이 교차하면서 날렵한 구도를 이루고, 덜 핀 꽃 한 송이가 살짝 숨었다. 부채 귀퉁이에 '聞香문향'이라고 씌어 있다. 선배가 놀러왔다가 부채를 보고 탐을 냈다. 뭐가 좋으냐고 묻자 '문향'이란 말이 멋있다고 했다. 난초 향기는 맡는 것이 아니라 듣는 것이다. 난초에 코를 대고 킁킁거리는 짓은 볼썽사납다. 고결한 향기는 귀를 기울이고 들어야 운치가 있다. "난향이 들리면 말하시오, 그때 드릴 테니" 했더니 선배가 겸연쩍게 웃었다. 십 년이 넘은 여름날의 일이다.

잊고 있던 그 선배가 찾아왔다. 그에게만 빨리 간 시간이 얼굴에 완연했다. 양복은 후줄근했고 넥타이는 솔기가 삐져나왔고 구두 뒤축은 납작했다. 악수하자며 내민 손이 예전처럼 곱다. 한때 글 쓰는 직장에서 밥을 번 그 손이다. 꽁치찌개가 끓을 때쯤 소주를 시켰더니, "안 돼. 나, 냄새만 맡아도 쓰러져" 했다. 한 시절 우리는 지독히 마셨다. 그것도 고급 양주였다. 그는 통 크게 놀았고 신용카드를 잘 긁었다. 후배들은 그 선배의 씀씀이 덕에 밤새 잘 놀았다. 들어보니 그는 술을 끊은 지 꽤 되었다. 속이 탈난 것은 아니었다. 소주 뚜껑을 따면 냄새가 코를 찔러 피한다는 것이다. 대신 담배가 없으면 못 견딘다. 그는 동대문시장 좌판에서 라오스나 베트남 담배를 산다. 한 갑에 칠백 원이다.

그는 월 이십삼만 원을 주고 고시원에 기식한다. 창 없는 방은 이십만 원이다. 그곳은 불을 끄면 암흑천지다. 삼만 원을 더 내고 창 있는 방을 얻었다. 잡문 쓴답시고 만 원을 주고 인터넷을 빌렸다. 만 원을 더 내면 텔레비전을 볼 수 있지만 과욕은 접었다. 고시원에서 밥을 주는데, 밥만 준다. 그는 반찬 없이 맨밥을 먹었다. 일곱 끼를 밥만 먹은 날, 토했다. 밥냄새가 견디기 힘든 걸 처음 알았다. 밥통을 열면 구역질이 났다. 도리 없이 시장에 나가 김치를 샀다. 국산은 비싸 중국산 김치를 일 킬로그램에 천오백 원 주고 봉지에 담아왔다. 외출할 때 그는 잘게 자른 김치에 버무린 밥을 비닐에 담아 공원에서 먹는다. 바깥 공기를 쐬면서 먹으면 냄새가 덜 난다. "희한하지, 늘 먹고 마시던 것에서 냄새가 나." 그는 영문을 모르겠다는 표정이다.

그는 호빵이 먹고 싶었다. 호주머니를 뒤져보니 오백 원이 채 안 되었다. 있는 돈을 십 원짜리 동전으로 다 바꾸었다. 공중전화

부스를 돌아다니며 낙전을 챙겼다. 구십 원이 남은 전화통에는 십 원을 넣고, 십 원이 남은 전화통에는 구십 원을 넣었다. 그러면 백 원 동전이 떨어진다. 다섯 시간 동안 마포에서 여의도, 신길동, 봉천동까지 부스를 들락거리며 낙전을 모았더니 이천 원이 되었다. 호빵 네 개를 다 사면 밑천이 사라진다. 오백 원을 남겨 이번에는 물 좋다는 서울역과 용산역을 찾았다. 그는 두들겨맞을 뻔했다. 거기는 이미 '고정 고객'이 진을 치고 있었다. 전화를 건 행인이 부스를 빠져나가면 그들은 부리나케 뛰어들었다. 체력이 약해진 선배는 뜀박질이 서툴렀다. 호빵도 못 사먹을 즈음 그는 내게 전화를 했다. 그는 꽁치찌개를 깨끗이 비웠다. 밥은 물리쳤다. 그는 그동안 밥을 많이 먹었다.

  나는 선배에게 사연을 묻지 않았다. 그는 망한 사람이다. 술도 밥도 넘기지 못하는 이에게 지난 일을 캐묻는 건 비열하다. "담배는 어쩔 셈이요?" 하고 말을 돌렸다. "연기는 요기가 안 되잖아, 끊을 참이야." 일어서던 그가 말꼬리를 단다. "과거는 잊어도 냄새는 남는가 봐……."

  지난 일요일, 문득 선배가 생각나 장롱을 뒤져 합죽선을 찾았다. '문향'이라 쓴 먹색이 여전했다. 밖에 나가 부채를 불태웠다. 부챗살이 금방 오그라든다. 난향은 들리지 않는다. 대나무 타는 냄새가 등천을 했다.

없는 곳에 있는 사람들

집 앞에서 택시를 탔더니 기사가 언성을 높인다. 이 동네에 사느냐고 묻고서는 대뜸 "세상에 이런 동네가 다 있느냐"며 침을 튀겼다. 흥분하는 기색이 아침부터 봉변이라도 당한 꼴이다. 방금 승객을 동네 건물 앞에 내려준 기사는 이 건물 찾는 데 이십 분을 허비했단다. 승객이 어느어느 건물로 가자고 해서 왔는데 그곳을 아는 이가 동네에 한 명도 없더라고 했다. 기사는 지척에서 빙빙 돌며 일곱 명에게 물었고 모른다는 답만 들었다. 도리 없이 내려서 찾아봤더니 코앞에 있었다는 것이다. "건물 바로 앞에서 물었는데, 간판이 큼지막하게 붙어 있는데, 다 모른다고 하니 말이 되느냐"며 그는 분통을 터뜨렸다. 그는 "무슨 동네 인심이 이따위냐"며 애먼 나에게 눈을 부라렸고 "알면서 모른 척한 게 분명하다"며 삿대질했다.

기사가 찾은 건물은 사회복지시설이다. 내가 사는 아파트 맞은편에 있다. 창문이 여남은 개 달린 야트막한 집채다. 간판이 있지만 이름을 애꿎게 지어 나는 그냥 '애달픈 집'이라고 부른다. '애달픈 집'에는 몸과 정신이 불편한 분들이 모여 산다. 문은 늘 닫혀 있다. 나오는 이 들어가는 이가 보이지 않아 적적하다. 낡은 상가를 허물고 이 집을 짓던 그해, 아파트 주민들은 연판장을 돌렸다. 그들은 눈앞에 장애인 수용시설이 들어서는 게 싫었다. 결국 소송이 붙었고 패소한 주민들은 변호사 비용을 추렴해야 했다. '애달픈 집'은 도로에서 좀 들어간 구석이라 택시 기사가 찾기에 쉽지 않다. 동네주민들은 다 안다. 누가 물으면 말을 안 해줄 뿐이다. 이 동네에선, 있어도 없는 집이 '애달픈 집'이다. 없는 집에 사는 분들은 있지만 출입이 뜸해 그분들 역시 있어도 없다.

아주 드물게 자원봉사자들이 이분들을 인솔해 나올 때가 있다. 모처럼 나들이에 나선 장애인들은 손에 손을 잡고 걷는다. 강강술래라도 하듯이. 모두 웃는 표정이다. 찡그린 얼굴이 없다. 스무 명 넘는 사람들이 한꺼번에 웃는 얼굴은 낯선데, 낯설어하는 주민을 보고 그들은 또 웃는다. 웃을 때 그들은 비극을 경험하지 않은 생명처럼 보인다. 여성 장애인들은 길바닥에서 서로 립스틱을 발라주기도 한다. 입을 오므려 발린 색을 문지르는데, 심하게 떨던 손이 뺨에 립스틱 자국을 남기자 그걸 보고 또 와르르 웃는다. 웃기만 하지 장애인들은 말을 하지 않는다. 무리 가운데 있어도 그들은 제가끔 혼자다. 그저 잡은 손을 꽉 쥘 따름이다. 없는 집이 있는 집처럼 여겨지는 날은 그들이 집을 나설 때뿐이다.

일요일 산책하러 나가다가 '애달픈 집' 현관에서 중년의 장애인과 마주쳤다. 누군가 혼자 문 앞에 나와 있는 건 처음 보았다. 그는 쪼그리고 앉아 햇볕을 쬐고 있었다. 그러다 갑자기 바짓가랑이를 올리더니 맨살을 아래위로 더듬었다. 뭔가를 찾은 모양이다. 그는 씩 웃으며 찾은 것을 손바닥에 올려놓았다. 다가가서 봤더니 개미 한 마리다. 어쩌다 바지로 들어간 놈을 잡은 뒤 그는 희희낙락이다. 그는 개미를 땅바닥에 내려놓았다. 내가 그 앞으로 걸어가려는데 그가 벌떡 일어섰다. 내 팔을 잡아끌더니 돌아가란다. 개미는 어디로 갔는지 보이지 않는데 말이다. 선가에 떠도는 짧은 시구 하나가 기억난다. 만행 나가는 스님을 보고 읊은 소리다.

아이고, 스님
보시행 그 걸음에
나, 개미 죽소

봄이 다가와도 '애달픈 집'은 여느 날처럼 고즈넉하다. 오늘 아침 이 집 외벽에 현수막이 걸렸다. '방문을 환영합니다.' 딸이 그걸 보고 와서 떡 싸들고 가자고 한다. 들어갈 때 현관 앞 개미를 조심해야 한다.

죽은 개와 산 부모

신문을 읽다가 혀를 찼다. 채소밭을 망친 개를 두들겨 팬 농부가 이틀간 구류를 살았다는 기사가 있었다. 농부는 채소도 기르고 개도 기른다. 채소는 두엄을 주면서 기르고 개는 두들겨 패면서 기른다. '훈육 방식'의 죗값 치고는 과하다는 생각이 들었다. 투덜대는 나와 달리 아내는 '동물학대'라고 우긴다. 그러더니 내 손을 잡았다. "당신, 내가 하는 말 잘 들어요. 얼마 전 내 친구가 겪은 일이야." 아내는 조곤조곤 친구 이야기를 시작했다.

친구는 며칠째 안달복달했다. 망울이 음식을 마다하고 자리보전에 들어간 탓이다. 망울은 몰티즈 종 수컷, 집안의 재롱둥이였다. 친구는 남편에게 망울의 증세를 알렸다. 고환이 물풍선만큼 부풀어오른 망울을 보고 남편은 고개를 저었다. 가망 없는 암이었다. 진통제를 주사하고 남편이 출근한 그날 오후, 망울은 영면했다. 친구는 울먹이며 남편에게 전화했고, 남편은 저녁약속을 미루고 달려왔다. 향년 열일곱. 인명으로 치면 칠순에 이른 나이라 천수를 누렸다. 그래도 망울이 떠날 줄은 차마 몰랐다. 희디흰 털을 쓰다듬으며 부부는 울었다.

친구는 애견장례식장에 전화했다. 절차를 묻고는 망울의 유품인 옷과 목걸이를 챙겼다. 망울의 영정도 마련했다. 시신을 넣은 상자에는 흰 장미를 뿌렸다. 한 번도 결근한 적이 없는 남편이 출근을 포기하고 서울 외곽의 식장까지 동행했다. 그곳에 가서야 알았다. 미리 연락했으면 이일장을 치러줄 수 있었다는 것이다. 운명 당일은 염습해서 입관한 뒤 빈소를 차려 조문하고 다음 날은 발인과 화장하는 예를 갖출 수 있었는데 그걸 몰랐다. 하는 수 없이 염습에서 화장까지 하루 만에 치렀다. 친구는 망울을 소홀하게 보내는 것 같아 가슴이 미어졌다.

친구는 망울이 입을 수의를 골랐다. 삼베도 있었지만 비단으로 했다. 망울은 오 킬로그램이 넘지 않아 화장 비용이 기본인 십오만 원이었다. 오동나무에 입관하거나 유골을 납골당에 안치하려면 돈을 더 내야 했다. 납골당은 경건하고 호화로웠다. 잠시 마음이 흔들렸지만 친구는 망울을 그곳에 두면 외로울 것 같아 유골을 들고 가기로 했다. 운구할 때 리무진을 이용하는 장엄한 장례절차도 있었다. 그 비용은 백만 원쯤 든다고 했다. 친구는 빈소에 영정을 놓고 조촐한 영결식을 거행했다. 망울이 즐겨 먹던 사료를 제수로 올렸다. 언뜻 보니 향을 사르고 절을 하는 이웃 상주도 있었다.

절차에 따라 장례식장 직원이 제문을 읽었다. 애조 띤 목청을 듣자니 한층 숙연해졌다. "오늘 망울이 우리 곁을 떠납니다. 우리가 준 사랑보다 망울이 준 사랑이 더 큽니다. 누구도 그런 사랑 베풀지 못합니다. 망울은 가도 사랑은 남았습니다. 하늘은 망울의 영혼을 받아주소서." 친구 부부는 방성대곡하고 말았다.

한 줌의 유골로 남은 망울을 항아리에 담아오면서 친구는 흐느꼈다. 부부는 집 근처 철쭉나무 아래에 유골을 뿌렸다. 망울은 철쭉꽃을 보면 늘 꼬리를 흔들었다. 망울이 가고 난 집은 텅 빈 듯했다. 친구는 밤새 뒤척였다. 다음 날 친구는 빈 유골 항아리에 장미꽃을 꽂았다. 꽃을 보면 망울의 얼굴이 겹쳤다. 퇴근한 남편은 그 꽃을 보더니 눈시울이 붉어졌다. 남편은 말했다. "저 꽃 시들게 하지 마." 남편은 품에서 휴대폰을 꺼냈다. 망울의 사진이 담겨 있었다. 망울이 살아온 듯 친구는 울컥했다.

이야기를 끝낸 아내는 내 표정을 살폈다. 나는 시큰둥하게 물었다. "그래서, 이 이야기는 왜 한 건데?" 아내가 한심한 듯 입을 삐쭉거리더니 다짜고짜 전화를 걸었다. "예, 아버님, 저예요. 별일 없으시죠? 아비가 아버님 안부 여쭌 지 오래 되었다고 그러네요. 바꿔드릴게요." 나를 훈육하는 아내의 방식이 농부와 다른 게 그나마 다행이다.

삼 세 판이라고

 딸이 초등학교 삼 학년 때 일이다. 하루는 국어시험을 치렀다. 딱 하나가 틀렸다. '벙어리 삼 년, 귀머거리 삼 년, 장님 삼 년'의 뜻을 잘못 적었다. 고초 당초 맵다지만 시집살이에 비할까. 며느리는 그저 입 다문 채 들어도 못 들은 척 봐도 못 본 척하라는 옛 속담이 딸에게 생경했던 모양이다. 빈칸으로 남겨둘 수 없어 제 깐에 답을 적긴 했다. 딸의 답안지를 본 담임선생이, 속된 말로 뒤집어지더란다. 딸은 선생이 왜 웃었는지 궁금하다며 들고온 답안지를 아내에게 건넸다. 딸이 쓴 답은 이랬다. '모든 것은 삼 세 판이다.'
 딸은 대학에서 디자인을 전공했다. 입학하고 한두 달쯤 지났을까. 딸은 제 힘에 겨운 '중장비'를 들고 나타났다. 기타와 앰프 그리고 연주에 쓰이는 전자제품들이 거실을 가득 채웠다. 기함한 아내에게 딸은 공표했다. "나, 록밴드 결성했어." 어려서 딸은 그림을 제법 그렸고, 피아노를 조금 쳤다. 회화를 배우다가 느닷없이 디자인으로 선회한 딸을 아내는 수긍했지만, 피아노가 아닌 전기 기타를 어깨에 멘 딸은 곤혹스러웠다. 고막을 찢는 굉음 속에서 헤드뱅잉 하는 딸은 아내의 꿈에서조차 없었다. "아빠는 어때?" 하고 딸이 물었다. 나는 잠시 눈을 감았다. 조상 중에 조선시대 장악원掌樂院 정正을 지낸 어른 한 분이 떠올랐다. 나는 겨우 입을 떼었다. "아악도 아니고, 굳이 속악이냐."

딸은 대학 사 년 내내 기타를 놓지 않았다. 홍익대학교 앞에 불려가 공연했고, 언더그라운드 그룹들에게 펑크 계열의 신곡을 만들어주기도 했다. 교내에서 공연하고 돌아온 어느 저녁, 딸은 덤덤한 표정으로 전했다. "오늘 스카우트 제의를 받았어." 들어보니 제의한 사람은 유명 매니지먼트사 소속 스카우터였다. 아내의 어두운 표정보다 딸의 무심한 표정이 의아했다. "어쩔 셈이냐?" 하고 물었다. 딸은 시다달다 대꾸 없이 제 방으로 가버렸다.

아내와 나는 딸의 심사를 헤아리기 어려웠다. 며칠 뒤 아내가 오디션은 봤냐고 딸에게 물었더니, 거절했단다. 하도 신기해서 이유를 캐묻자 딸은 손바닥을 턱에 받치는 시늉을 하면서 "엄마, 난 이게 안 되잖아?" 했다. 아내는 걱정스러운 듯이 나에게 말했다. "저러다 '견적' 받아보자고 나서면 어떡하지?"

졸업한 딸은 다행히 기타를 멀리했다. 그리고 장고長考에 들어갔다. 딸은 선언했다. 유럽에서 길을 찾겠다는 것이다. 나와 아내는 공항에서 딸을 전송했다. 어느 날, 로마에서 전화가 왔다. 딸이 조각가이자 공예가인 이탈리아 작가의 조수로 들어갔단다. 그 만만찮은 자리를 딸은 혼자 힘으로 개척했다. 아내는 '천우신조'라며 들떴다. 디자이너든 아티스트든 이제 정착의 길로 접어들었다며 가슴을 쓸어내렸다.

딸은 손수 제작한 작품을 가끔 메인로 보여주었다. 생활비를 조금밖에 못 보내는 심정을 아는지 아르바이트를 해서 돈도 번다며 부모를 안심시켰다. 용기가 기특하고 고마웠다. 그런 지 일 년이 채 안 돼 딸은 서울로 돌아와버렸다. 아내는 기가 막혔다. 딸은 씨익 웃었다. 또 무슨 심경의 변화를 겪었단 말인가. 딸은 짐도 풀지 않고 일방통보했다. "이제부터 사업해서 돈 벌 거야." 그날 아내는 밤새 뒤척였다. 내가 위로랍시고 귀엣말을 했다. "쟤, 돈 번다잖아." 아내는 홱 돌아누웠다. 이쯤 되면 애비의 한마디가 시급하다. 딸을 불러 앉혔다. "우리 집은 행복이 가득한 집이었어." 딸은 나를 빤히 쳐다보았다. "십육 년 전에 우리 가족이《행복이 가득한 집》모델로 나온 것 기억하지?" 딸은 그 잡지를 품에 안고 잤다. 아름다운 시절이었다. "행복은 고요와 안정 속에 있어. 네가 요동치면 우리 집 행복은 침몰해. 몇 번이나 더 갈팡질팡할 거냐?" 딸은 같잖다는 투로 내뱉었다. "아빠, 모든 게 삼 세 판인 거 몰라? 삼삼은 구, 합이 아홉 판이라구."

호랑이 등에 탄 아내여, 내려오라

　단원 김홍도의 작은 그림 하나를 보다가 여행 떠나고 없는 아내가 불쑥 생각났다. 그림 제목은 〈고승기호高僧騎虎〉인데 풀자면 '큰스님이 호랑이를 타다'다. 한눈에 봐도 해학적인 붓질이다. 단원은 호랑이를 고양이처럼 귀엽게 그렸다. 그나마 털이 북슬북슬하고 뾰족한 발톱과 빳빳한 꼬리가 있어 맹수의 위용을 갖추었다. 호랑이 등에 탄 스님은 깍짓손을 한 채 주문을 외는 듯 자못 표정이 엄숙하다. 신선이나 스님이 호랑이와 함께 등장하는 그림은 흔하다. 온 절에 다 있다. 그러나 단원의 그림은 심상치 않다. 화면 귀퉁이에 적힌 제발 때문이다. 글 내용이 톡 쏜다. 번역하면 이렇다. '작은 암자와 부들 깔개 하나면 수행에 부족함이 없거늘 구태여 신통력을 보이려고 호랑이 등에 걸터앉는가.'
　그림을 찬찬히 뜯어보았다. 스님은 부들 대신 호랑이 등에 비

김홍도 | 〈고승기호〉 | 18세기 | 개인 소장

단 방석을 두툼하게 깔았다. 그러고 보니 호랑이도 피식 웃는 낯빛이다. 꼭 구름을 부르고 비를 내릴 줄 알아야 고승대덕인가. 허름한 가사장삼에 낡은 주장자를 잡아도 참 스님의 도력은 숨기기 어렵다. 단원의 풍자는 절묘하다. 한 발 더 나아가니, 섬김을 강요하는 자는 모심을 받기 어렵다는 교훈도 보인다. 오해하지 말기 바란다. 국민을 잘 모시려는 대통령 이야기를 하자는 게 아니다. 단원 그림은, 팔불출 소리 들을 각오하고 밝히건대, 내 아내의 모심을 떠올리게 한다.

아내는 며칠 전 친구와 함께 해외여행에 나섰다. 이렇게 길게 떠나기는 처음이다. 남편 곁을 잠시라도 비우는 걸 걱정하는 아내인데 모처럼 용심을 낸 모양이었다. 전날 숙취로 곯아떨어진 나는 아내를 배웅하지 못했다. 깨어보니 아내가 공항으로 떠난 뒤였다. 아침마다 먹을 밥, 입을 옷 챙겨주던 아내였다. 아내가 사라진 이 변고에 나는 그만 짜증이 났다. 내가 놀랐던 건 옷을 찾으려고 장롱을 열었을 때다.

옷걸이에 난데없이 번호표가 죽 붙어 있다. 일부터 십까지 번호를 단 옷걸이에 상하의가 짝을 맞춰 걸려 있다. 나는 순서대로 입기만 하면 되는 셈이다. 장롱 바닥에 옷가지가 더 있었다. 열흘치 속옷과 양말, 손수건이 아래쪽에 따로 개켜졌다. 냉장고를 열었더니 밑반찬 뚜껑에도 번호표가 붙어 있다. 이건 편식 잘 하는 나를 염려한 지침이다. 식탁 위에는 메모가 있다. 과일은 어디에 있고, 열쇠와 통장은 어디에 있는지, 공과금은 언제 어디로 내야 하는지, 비상시 연락해야 할 곳은 어딘지, 빡빡하게 적혀 있다.

이쯤 되면 짜증낸 게 머쓱해야 옳다. 복에 겨워도 유만부동이지 호강이 턱에 받쳤다고 손가락질할 사람도 있겠다. 아닌가, 세상 모든 아내가 그렇다면 별나지도 않은 이야기를 한 꼴이다. 어쨌든 아내가 남긴 고마움은 오래가지 않았다. 의심이 슬며시 고개를 들이밀었다. 아내가 평소 유난하기는 하지만 이건 좀 심하다 싶었다. 아내는 도대체 나에게 뭘 원하는 것인가. 한없는 배려와 드넓은 아량으로 못난 남편을 깨우치려는 것인가. 양처의 선정이 불쑥 두렵다. 차라리 악처의 학정에 신음하는 게 낫겠다 싶다.

아내가 돌아오면 말해야겠다. 남편 꼭대기에 오르면 혹 성인의 경지라도 보이느냐고. 호랑이 등에 타서 신통함을 과시해야 하겠느냐고. 그래도 못 알아듣는다면 덧붙여 서정주의 시 하나를 들려줄 참이다. 「뻔디기」라는 시의 앞대목이다.

예수의 손발에 못을 박고 바히우듯이
그렇게라도 산다면야 오죽이나 좋으리오?
그렇지만 여기선 그 못도 그만 빼자는 것이야
그러고는 반창고나 쬐끔씩 그 자리에 부치고
뻔디기 니야까나 끌어달라는 것이야

예쁜 남자

'예쁜 남자'가 민심을 휘어잡았다. 텔레비전 드라마와 오락 프로그램을 봐라. 꽃미남이 채널마다 활짝 피었다. 흥행기록을 세운 영화는 예쁜 남자가 얼굴값을 톡톡히 한다. 대중매체만 그러랴. 명문대 남학생이 집엣돈 사백오십여만 원을 들고가 멀쩡한 턱을 깎았단다. 일류 기업 남자직원들이 마사지팩을 얼굴에 붙이고 미용 실습하는 광경은 신문에도 났다. 얼굴이 밥 먹여준다는 믿음이 남자에게 전파되고 있다. 닦고, 조이고, 기름 치는 남자들은 잘나가는 인생을 꿈꾼다. 가가호호에 미화사업의 열풍이 불어닥치니 아름다운 세상의 도래가 머잖은 것 같다.

　잘생긴 남자는 선망과 시기를 부른다. 미켈란젤로가 조각한 〈다비드〉는 '세상에서 가장 유명한 벌거벗은 남자'다. "이 작품을 본 사람은 다른 조각을 볼 필요가 없다"는 미술사가의 말대로 〈다

미켈란젤로 | 〈다비드〉 | 1504년 | 이탈리아 피렌체 갤러리아 델 아카데미아 소장

비드〉의 몸매는 매혹적이다. 얼굴을 보면 탄성이 절로 나온다. 잔물결치는 고수머리, 커다란 눈망울, 오뚝한 콧날은 시대를 건너뛴 미남형이다. 〈다비드〉는 설치 당시에 돌팔매질을 당했다. 근세에 와서는 한 남자 관객이 망치로 발등을 찍었다는 일화도 있다. 완벽한 창조물에 대한 파괴충동을 '다비드 증후군'이라고 부른 것은 그 때문이다. 동성애자인 미켈란젤로는 자기가 만든 〈다비드〉를 사랑했다는 의혹을 받았다. 하지만 작가는 얼굴보다 정신을 중시했다고 진작 말했다. "내면의 신성함이 얼굴로 떠오를 때가 있다. 이때 신성한 힘은 돌에도 생기를 불어넣는다." 〈다비드〉의 얼굴은 겉이 아니라 속에서 나왔다.

  동양이나 서양이나 초상화는 정신이 드러나야 으뜸으로 친다. 겉은 속을 말한다. '강철 인간' 스탈린이 죽자 그의 얼굴 그림을 공산당 잡지에 실었던 피카소는 혼쭐이 났다. '만국 인민의 준엄한 아버지 상'을 기대했던 공산당원들은 요절낼 기세로 피카소에게 덤벼들었다. 피카소가 그린 얼굴이 '콧수염 달린 애송이'처럼 보인 까닭이다. 그날 이후로 피카소는 공산당과 살얼음판 같은 사이로 돌아섰다. '얼음 원수元帥' 레닌의 모습을 희화화한 살바도르 달리도 사회주의를 추종하는 친구들에게 의절당했다. 추종자들은 오로지 '경념敬念의 붓질'을 주문했다. 피카소와 달리는 얼굴보다 정신을 좇았고, 이를 개성적인 표현으로 드러낸 것이 탈이 되었다.

얼굴 하나를 그려도 정신이 닮아야 한다는 요구는 동양에서 유난하다. '서시의 얼굴을 그렸는데 아름답기는 하나 즐거움이 없고, 맹분의 눈을 그렸는데 크기는 하나 두려움을 줄 수 없다면 무엇에 쓸까.' 옛글에 나오는 말로 서시는 춘추시대의 미녀, 맹분은 전국시대의 용사다. 아름다운 여자든 씩씩한 남자든 그리 된 연유가 얼굴에 씌어 있다는 주장이다. 조선시대 초상화야 밀할 나위가 없다. "터럭 하나까지 닮지 않으면 그 사람이 아니다"라고 할만큼 사실에 입각했다. 국보로 지정된 송시열의 초상화와 윤두서의 자화상은 육박하는 실감에서 이를 따를 그림을 찾기 어렵다. 보는 이를 사로잡는 윤두서의 눈빛은 정신의 창이 틀림없고 송시열의 주름진 광대뼈는 거유巨儒의 간난신고를 적실하게 드러낸다. 백반증이나 흑달과 천연두 등 피부질환마저 고스란히 초상에 반영하는 조선 화가들의 속내는 기가 질릴 정도다. 이런 표현들이 노리는 바는 번연하다. 전신傳神이다. 정신의 흔적, 내면의 자취를 담으려는 화가들의 붓놀림은 얼굴색을 잡아내기 위해 종이 뒤에서 색채를 밀어올리는 '배채背彩기법'까지 창안해 냈다. 그들은 인간의 형용과 모색이 겉치레가 아니라 속차림이란 이치를 꿰뚫고 있었다.

'예쁜 남자'는 시대의 변화를 예고하는 남자의 새 덕목일까. 사십 넘은 남자만 얼굴에 책임질 일이 아니다. 예쁜 남자도 제 얼굴에 책임이 있다. 호박에 줄 긋는다고 수박이 아니고 수박에 줄 벗긴다고 호박이 아니라면 말이다.

한 가지 일, 한 마디 말

장면 1. 측근

'측근'은 가까운 곁 사람이다. 요즘 그 측근들이 말썽을 피운다고 언론이 나무란다. 그렇지, 문제는 항상 가까운 데서 터진다. 측근과의 이격 거리는 어느 정도가 적당할까.

일본에는 '이조반二組半 문학'이라는 것이 있단다. 다다미 두 개 반을 깐 방에서 남녀 단둘이 만난다. 그 좁은 방에 마주 앉으면 무릎 살이 맞닿는다. 매우 가까워 콧김에서 단내가 나는 거리다. 벌어질 일은 뻔하다. 그래서 이조반 문학은 남녀의 육욕 따위를 다룬다. 별 탈 없이 화투치고 놀려면 다다미 서너 장은 되어야 한다.

남녀가 사이좋게 대화하려면 얼마나 떨어져야 할까. 심리학자들은 얼굴 길이의 2.5배가 가장 살가운 거리란다. 그 정도가 상대방의 정을 살펴보는 데 알맞다. 더 가까우면 탐색이 안 된다. 눈먼 사이가 된다. 키스할 때 눈을 감는 것은 더 이상 살피지 않겠다는 뜻이다.

모델과 화가의 거리도 궁금하다. 아는 화가에게 물었다. 그는 키의 두 배쯤 떨어진 곳에 모델을 두어야 그림이 잘 나온다고 했다. 그게 모델의 특성을 객관화할 수 있는 거리라고 했다. 더 가까이 가면? 모델이 여성일 경우, 상피 붙는 꼴이 왕왕 벌어진단다. 화가는 너무 가까워서 벌어지는 치정을 귀띔해 주었다.

측근도 지나치게 가까우면 치정관계가 된다. 치정의 '치'는 속자로 '痴'다. 파자破字해 보면, '알아서知 병病이 된 정'이다. 너무 알고 지내다 탈난다. 제대로 알려면 떨어져야 한다. 청와대든 공원이든 지하철이든, 딱 달라붙은 측근들은 눈꼴이 시다.

장면 2. 말본새

"너, 말 다했냐?" 말다툼할 때 잘 쓰는 말이다. 흔히 답은 "그래, 다했다"다. 다음 순간은 깔축없이 주먹다툼이다. 주먹이 작동 직전에 있는데, 말 다했냐고 한 번 더 다그치는 이유가 뭘까. 다해서는 안 되는 게 말이기 때문이다. 말은 아끼고, 뜸 들여야 하고, 말미를 두어야 맛이다.

부시의 말은 잽도 없다. 불문곡직, 스트레이트 펀치다. "이라크, 이란, 북한은 악의 축이다." "그들 나라에 미국의 정의를 실현하겠다." 이 말들은 객관화하기 어렵고, 장고 끝에 나온 묘수도 아니다. 맞든 틀리든 그는 할 말을 다 쏟아버린다. 그러니 수사가 낄 틈도 없다. '악의 꽃'은 수사이지만 '악의 축'은 체증 걸린 조어다.

그의 말에 미국인은 통쾌해 할까. 엉킨 삼밭을 단칼에 베는 쾌감이 혹 있을지 모르겠다. 하지만 '섬세의 정신'은 보이지 않는다. 씹히는 여운도 없다. 갈 데까지 가버린 말로선 등 돌린 사람과 말길 트기 어렵다. 말의 절정을 즐기려고 해도 전희가 필요한 법이다.

말본새가 일도양단인 걸 보면, 그는 폭탄주도 잘할 것 같다. 폭탄주의 진수는 원샷에 있다. 단숨에 들이켜는 광경은 보는 이를 장쾌하게 만든다. 그러나 그것을 '음미'라고 부르진 않는다. 자고 나봐라. 속만 쓰리다.

부시에게 시 한 수를 건넨다. 북송의 안락선생安樂先生 소옹邵雍이 읊었다.

> 좋은 술 마시고 은근히 취한 뒤
> 예쁜 꽃 보노라, 반쯤 피었을 때
> 美酒飮敎微醉後 好花看到半開時

성마른 자는 세상을 넘볼 뿐 완상하지 못한다. 덤으로 알려준다. 이 시는 천하에 둘도 없는 방중房中의 술術이니, 용히 쓰시도록.

장면 3. 분가루

증조부는 만사에 오불관언이라 별호가 '천황씨天皇氏'였다. 그런 그분도 아랫대를 다스리는 품새는 가을 찬 서리였다. 돈을 건네면서 손에 쥐어준 적이 한 번도 없었다고 들었다. 마당에 홱 뿌려버렸다는 것이다. 땅바닥에서 한 푼 두 푼 주워야 하는 식솔들의 심사가 어떠했을까. 돈 귀한 줄 알라는, 당신 나름의 고약한 훈도였다.

하루는 며느리가 박가분을 바르다 증조부에게 들켰다. 황급히 감추려 했지만 분통은 어느새 증조부 손에 넘어갔다. "이게 뭐냐?" 며느리는 죄스런 목소리로 얼굴에 바르는 것이라고 고했다. "뭐 땜에 바르느냐?" "예…… 예쁘게 보이려고……." 분가루를 만져보던 증조부는 물그릇을 가져오라고 명했다. 의아해 하면서도 며느리는 득달같이 갖다바쳤다. 증조부는 분통을 그릇에 쏟아부었다. 그러고는 휘휘 저어 단숨에 들이켰다. 기함한 며느리에게 떨어진 증조부의 호통. "이래야 마음이 예뻐지느니라."

그 이후로 증조부의 '엽기적인 미용술'은 동네방네 소문이 났다. 그 덕이었을까, 집집마다 어른들이 며느리, 딸 나무라는 소리가 낭자했다는 것이다. "살림은 개똥같이 살면서 얼굴은 새똥같이 바르느냐?"고. 어른들이 일일이 분을 물에 타 마시는 수고를 감수했는지는 모르지만, 증조부 동네에 분통 찾기가 어려웠다는 후일담은 지금도 기억한다.

대학생 딸이 매일 아침 파운데이션과 파우더를 콕콕 찍어 바른다. 여자의 지분 냄새는 좋은데, 딸의 지분 냄새는 편찮다. 딸에게 내가 분가루를 들이마신 양반의 후예임을 밝힐까……. 머뭇거리다가 만다. 혹시 증조부의 사인을 물으면 난처하니까. 그분은 위장병으로 돌아가셨다!

내 사랑 옥봉

사랑은 방울토마토와 같아서 입을 다문 채 깨물지 않으면 액즙이 튀어 나가버린다. 입안에서 굴리다가 깨물면, 목구멍 가득 고이는 액즙의 향내……. 쓰든 달든 사랑에 누수가 없으려면 모름지기 입을 다물 일이다. 소리치며 사랑에 능한 이는 드물다. 자칫하면 턱이 빠져 말을 못 하니 사랑 고백도 어렵다.

내 어쩌다 남의 소실에게 마음을 빼앗겼는지, 여기서 장광설을 펴진 않겠다. 시작은 가여워서 그랬다. 그녀는 정실이 되기를 포기했다. 재능 출중하고 미색 발군이지만 운명이 그녀에게 관대하지 않음을 예감한 모양이다. 그 사연을 자기 입으로 털어놓은 적은 없다. 지난날의 처신과 시작詩作으로 추측할 따름이다. 운명에 도전하는 일을 영웅시하는 것은 경쟁사회의 몽상이다. 도전받는 운명은 운명이 아니다. 몽매의 한 시절, 그녀는 소실 자리에서도 버려졌지만 거부하지 않은 채 비극적 운명을 시로 옮기며 순응했다. 나는 그것이 가여워서 그녀를 마음에 품었다. 내 연정에 밑 구린 바 없어 밝히건대, 그녀의 이름은 이옥봉이다.

남편에게 내쫓긴 옥봉은 방랑했다. 기약 없는 방랑길에서도 옥봉은 임 향한 일편단심을 훼손하지 않았다. 내 비록 옥봉을 마음에 두었으나 손 한번 잡은 적 없고, 손 잡힘이 옥봉의 수절을 흔들 리도 만무했다. 전하고 싶은 말은 굴뚝같았지만 참고 눌렀다. 혹 내 입 밖으로 나왔다면 그것은 사랑에 좌절한 옛사람의 말씀일 터였다. '사람에 빠질까보냐. 차라리 연못에 빠져라[溺于人也 寧溺于淵].' 도리가 없어 옥봉은 시에 빠졌다. 그즈음 내가 들은 절창은 이렇다.

요즘 안부를 묻노니 어떠신지요
달빛이 깁창에 깃들면 저의 한이 크답니다
꿈길을 걸어가도 만약 발자국이 남는다면
그대 문 앞 돌길이 반쯤 모래가 되었을 겁니다
近來安否問如何 月到紗窓妾恨多
若使夢魂行有跡 門前石路半成沙

황진이의 그림자가 설핏 보이는 자구이지만, 명색이 반가로 출가했던 옥봉이 기적에 오른 여인의 자취를 흉내 내기야 했겠는가.

애련한 여인의 마음이 공교롭게 상통한 까닭일 게다. 이 시에서 알아차렸겠지만 옥봉은 소맷자락 붙들며 매달리는 여자가 아니다. 입안의 사랑이 쓸개맛이어도 지그시 깨문다.

불면의 밤은 옥봉에게 유독 길었다. 안면安眠을 돕지 못해 나는 안타까웠다. 운명은 삼켰으되 순정은 요동치니 그런 날 옥봉이 쓴 시는 위태롭다.

깊은 정 드리기는 쉽겠지요

말로 하려니 또 부끄럽습니다

제 있는 곳 소식 알고 싶나요

벗겨진 화장 그대로 누대에 기댑니다

深情容易寄 欲說更含羞 若問香閨信 殘粧獨倚樓

사랑을 동냥하는 짓은 옥봉과 거리가 멀다. 말로 하기가 구차하고, 앙다문 입에서 사랑의 수액이 샐지도 모른다. 다만 옥봉의 속울음이 화장으로 표현되고, 그 화장 반겨줄 이를 몸서리치게 그리워할 때 옥봉의 속절없는 기다림은 형벌과 같다. 꿈길이 아니라 밤길을 걸어 임의 문전으로 짓쳐 들어갈 것 같아 나는 내심 위태롭게 여겼다. 견뎌낸 옥봉이 가상했고, 종무소식인 옛 임은 괘씸했다.

기다린들 소식이 오나 잠을 청한들 잠이 오나. 옥봉은 기어코 헛것이 보이고 헛것이 들리는 지경에 이르렀다. 마르고 야윈 옥봉이었지만 눈물은 마르지 않았다. 기별 없는 기다림이 신병이 되어 백약이 무효인데, 눈물샘은 시도 때도 없이 넘쳤다. 지으니 한숨이요, 한숨에 섞여나온 외마디 시는 처연했다.

> 평생 이별의 한 내 몸에 병이 되어
> 술로 못 고치고 약으로도 다스릴 수 없어라
> 이불 덮고 흘린 눈물은 얼음장 아래 흐르는 물과 같아
> 낮이고 밤이고 흘러가도 아는 이가 없더이다
> 平生離恨成身病 酒不能療藥不治
> 衾裡泣如氷下水 日夜長流人不知

여느 여자라면 한 줄 서신이라도 인편에 보냈겠지만 옥봉의 기다림은 하염없다. 의연해서가 아니라 방도가 없어서다. 내가 그녀에게 넋 나간 사내가 된 것은 뒷날에 나온 시를 보고 나서였다.

> 약조 있었거늘 임은 어이 늦으시는가
> 뜰에 핀 매화는 이제 지려하는데
> 홀연히 들리는 가지 위에 까치 소리
> 헛되이 거울 보며 눈썹을 그린답니다
> 有約郎何晩 庭梅欲謝時 忽聞枝上鵲 虛畵鏡中眉

옥봉의 최후를 발설하는 것은 잔혹하다. 누구는 자진했다 하고, 누구는 행불行不로 간주한다. 나는 옥봉이 보고 싶지만 떨어진 세월이 사백 년이나 되어선지 현몽도 안 된다. 옥봉은 여전히 제 꿈에서 옛 임의 문전을 서성거릴 것이다.

시들어버린 연꽃

내 사무실이 있는 동네에서 치과 병원을 운영하는 김영환 시인이 시 한 수를 보내왔다. 그는 병원을 한옥으로 지었는데, 당호를 내가 붙여준 인연이 있어 가끔 만나 차를 나눈다. 김 시인은 정치를 한 사람으로 잘 알려져 있다. 나는 그를 정치인으로 보지 않는다. 술자리에서 우리는 시창詩唱을 한다. 그는 자작시를 들려주고 나는 한시를 읊으며 희희낙락한다. 얼마 전 보르네오 섬에서 열린 세미나에 갔다가 열대림에서 연꽃을 보고 시상이 떠올랐던 모양이다. 그의 시는 짤막했다.

열대림 키 큰 야자수 아래 핀
연꽃 한 송이
돌보는 이 없다

스쳐 지나가는 바람 한 점

아침 인사로 몸을 굽히고

아침에 일어나 혼자인

연꽃 한 송이

피어 있어

말없는

이 짧은 시에 그는 댓글을 붙여 보냈다. '절대고독을 사랑할 수 있다면, 아침에 혼자된다는 것을 두려워하지 않겠다.' 나는 김 시인의 절대고독을 헤아리지 못한다. 그저 돌보지 않은 연꽃이 애잔하겠거니 싶었다.

연꽃이라면 나도 할 말이 좀 있다. 오래된 이야기다. 무명작가 한 분이 도자기 전시를 할 때 내가 거들어드린 적이 있었다. 전시를 끝낸 작가가 마음에 드는 작품이 있으면 하나 가져가라고 했다. 인사치레로 망설이는 척했지만 내 눈에 드는 게 있었다. 연꽃 한 송이가 그려진 분청접시였다. 연꽃 위에는 '樂낙' 자가 씌어 있었다. 작가는 '연꽃 보는 즐거움'을 표현했다. 정작 연꽃이나 글자가 내 눈을 끈 것은 아니었다. 그 접시 바닥에 실 같은 금이 살짝 가 있었다. 작가는 멀쩡한 작품 놔두고 금 간 접시를 잡은 나를 의아하게 보았다. 이게 좋다며 우겼더니 도리어 그가 미안한 표정을 지었다. 그 뒤 연꽃 접시는 내 책상머리에 놓인 채 먼지를 뒤집어

썼다. 돌보지 않고 내버려둔 셈이다.

여름휴가 때 양평 세미원에 들러 홍련, 백련을 실컷 구경했다. 쨍쨍한 폭염이 몹시 반가운지 봉오리를 활짝 벌린 연꽃에서 향기가 진동한다. 동행한 이가 그 향기에 겨워 《부생육기浮生六記》에 나오는 주인공 운의 이야기를 들려준다. 사랑스러운 여인 운은 연꽃 봉오리가 입 다물 무렵 얇은 천에 찻잎을 싸서 봉오리 안에 넣었다가 다음 날 입을 벌리면 끄집어내어 차를 끓였다고 한다. 차에 스민 연꽃 향내는 운의 애교만큼 달콤할 것이다.

그러나 사시사철 연꽃이 피도록 조성된 세미원에서 내가 혹한 것은 연꽃 향기가 아니다. 그곳 벽면에는 연꽃을 소재로 한 문인들의 시가 죽 늘어서 있다. 내 마음을 여지없이 뒤흔든 것은 춘원 이광수의 연시조다. 제목은 「연꽃」이다. 첫 연은 이렇다.

> 임 주신 연꽃봉을 옥화병에 꽂아놓고
> 밤마다 내일이나 필까 필까 하였더니
> 새벽이 가고 또 가도 필 뜻 아니 보여라

옥으로 만든 꽃병에 고이 모신 연꽃 봉오리. 사랑의 정표로 받은 연꽃이 피기를 바라는 춘원의 마음이 안쓰럽다. 다음 연이 이어진다.

뿌리 끊였으니 핀들 열매 바라리만

모처럼 맺힌 봉을 못 펴보고 갈 양이면

제 비록 무심하여도 내 애닯아 어이리

열매는커녕 앙다문 봉오리가 애를 태운다. 마지막 연에서 춘원은 눈물겨운 심사를 털어놓는다.

이왕 못 필 꽃은 버림즉도 하건마는

시들고 마르도록 두고두고 보는 뜻은

피라고 벼르던 옛 뜻을 못내 애껴함이외다

피라고 벼르던 뜻이 무얼까. 아마 '순정'일 것이다. 순정은 저 버릴 수 없다 해도 시든 꽃에서 시든 사랑을 예감하는 춘원의 마음은 애달프다. 그러나 꽃이 피어 열흘 붉기를 바라는 마음보다 먼저 꽃은 시들고 마는 것이다.

작가에게 받았던 '樂' 자 적힌 연꽃 접시는 점차 금이 길게 가기 시작했다. 어느 날 봤더니 접시는 반으로 동강나버렸다. 내 그럴 줄 이미 알고 가져왔으니 섭섭할 일도 없다. 끝나지 않는 낙이 어디 있으며 시들지 않는 연꽃을 어디서 찾겠는가. 시인은 연꽃 보고 절대고독을 떠올리거나 순정을 간직하고자 한다. 나는 어느 쪽인가. 당나라 시인 이상은李商隱이 내 마음과 똑같다.

임 그리는 마음 꽃과 다투어 피지를 마라

한 가닥 그리움마저 한 줌의 재가 되리니

春心莫共花爭發 一寸相思一寸灰

우연은 누구 편인가

 미술사학자 이태호 교수는 느긋하다. 굼뜬 듯 보여도 부지런한 학자다. 그가 달뜬 목소리로 내게 전화했다. 보여줄 게 있단다. 만나자마자 액자 하나를 내밀었다. 가로 세로 이십 센티미터 안팎의 자그맣고 오래된 종이에 수묵으로 그린 국화 그림이었다. 입으로는 "누구 거지요?" 물으면서 눈은 낙관을 훔쳐봤다. '세 번째 갈래 길에 핀 차가운 국화[有有三徑寒菊花]'라고 쓴 글씨 아래 붉은 인장이 찍혀 있다. 세 갈래 길은 무언가. 제 집 앞에 길 세 개를 만든 중국의 은사가 있었다. 첫길[一徑]에 소나무를 심고 둘째 길[二徑]에 대나무를 심고 셋째 길[三徑]에 국화를 심었다는 고사에서 나온 말이다. 다시 그림을 보니 위에 세 송이, 아래에 한 송이 씩 핀 국화가 제법 큼지막하다. 꽃에 비해 줄기는 가녀리다. 화판 뒤로 숨은 잎들은 오그라들었다. 숙살肅殺하는 가을 기운과 마주한 국화는 뭐

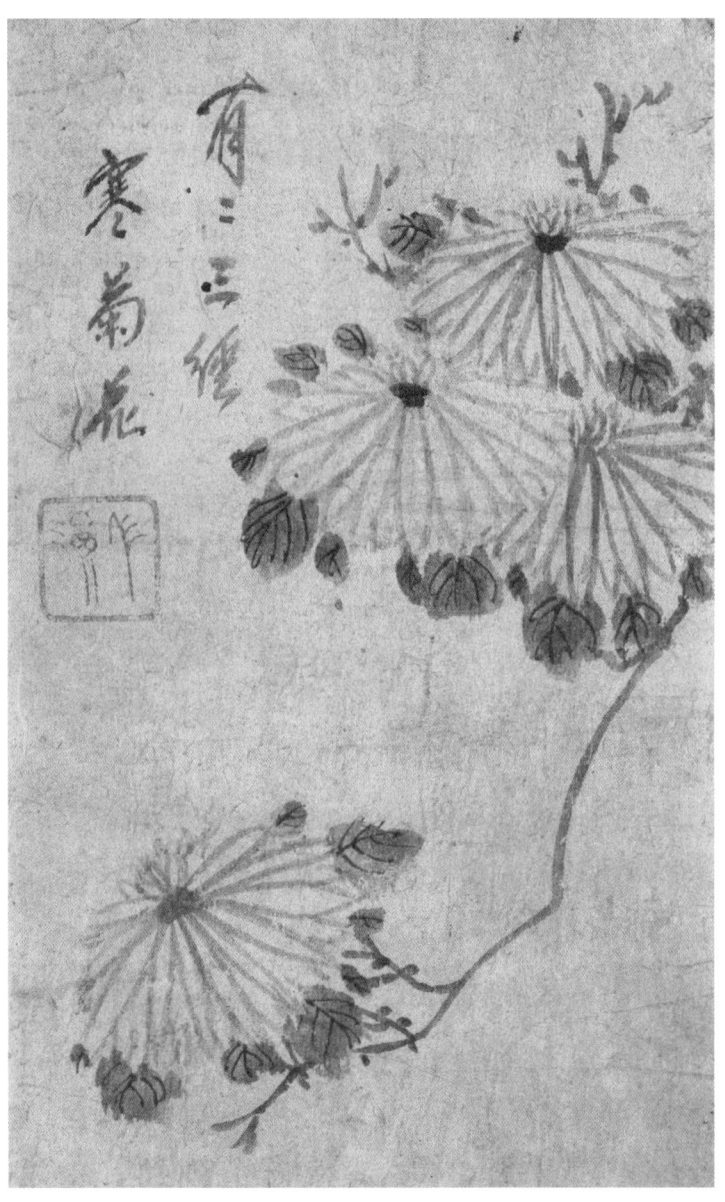

이산해 | 〈한국도〉 | 16세기 | 개인 소장

랄까, 가여운 목숨붙이의 힘겨운 저항처럼 보인다. 붓 놀린 솜씨는 그저 수더분한데 애써 꾸미지 않은 기운이 마음에 와닿는 그림이었다.

인장 글씨가 안 보여 떠듬거리자 이 교수는 '산해山海'라고 일러준다. "산해? 그럼 이산해가 그린 겁니까?" 내가 놀라서 묻자 이 교수는 홍소를 터뜨렸다. 늘 서산마애본존불 같은 미소를 짓는 그가 입이 귀에 걸리게 웃기는 드문 일이다. 이산해가 누군가. 선조 대에 영의정을 두 번 지내며 강단 넘치게 살다간 16세기 문인이다. 그의 숙부는 《토정비결土亭秘訣》로 잘 알려진 이지함이다. 이산해는 글씨와 그림에 모두 능했지만 전해지는 그림이 거의 없다. 그런데 나는 지금 이산해의 실물 그림을 보고 있는 것이다.

조선시대 사군자 중에서 가장 숫자가 적은 게 국화 그림이다. 전문가들은 남아 있는 국화도 가운데 이산해의 작품을 가장 오래된 것으로 꼽는다. 이 교수는 "그게 바로 이 그림이오"라고 했다. 율곡의 아우인 이우의 묵국화도 한 점 남아 있기는 하다. 이우는 이산해와 동시대 인물이다. 율곡기념관에 있는 이우의 그 작품은 꽃송이가 서툴게 그려졌다. 이우는 어머니 신사임당의 내림솜씨 덕인지 초충도를 그려 마당에 던져놓으면 닭이 와서 쪼았다는 일화가 있지만, 국화도는 너무 아마추어 냄새가 난다. 이산해와 이우 중 누가 먼저 국화를 그렸는지는 더 따져봐야 한다. 그중 하나가 내 가까운 이 교수 손에 들어간 사실이 놀라웠다.

어디서 구했는지 묻자 이 교수는 다시 신이 난 표정이다. 경매 회사에 들렀다가 이 작품이 나온 것을 우연히 발견했단다. 이산해의 그림임을 눈치챈 그는 조용히 응찰에 나섰다. 별다른 가격 경쟁도 없었다. 그는 최저가인 오십만 원에 작품을 입수했다. 나는 입을 다물지 못했다. 시대가 한참 올라가는 조선 중기 그림을, 그것도 가장 오래된 국화 그림을 그 가격에 샀다니 말이다. 나는 덕담보다 샘이 먼저 났다. 꼬인 말투로 "이 교수, 횡재했소이다" 했더니 그는 빙긋이 미소로 응수한다.

이 교수가 간 뒤에도 나는 내내 이산해의 국화가 눈에 삼삼했다. 그는 우연히 그 작품을 보았다고 했다. 그는 우연과 마주했다 해도 작품을 경매에 낸 소장자와 경매 관계자는 어떻게 된 노릇일까. 가치를 알고 있었더라면 최저가를 오십만 원으로 매기지는 않았을 터이다. 뻔한 이야기지만 결국 '눈'이다. 작품을 알아보는 눈이 있어야 횡재도 온다. 게다가 이 교수의 발품은 사시사철 부산하다. 미술동네에 떠도는 말로, 먹이는 냄새를 풍기기 마련이다. 발견은 우연이었다 해도 그의 발걸음은 필연이었을 것이다.

국화를 그린 이산해는 고려시대 문인인 목은 이색의 후손이다. 목은도 국화를 어지간히 아꼈나보다. 그는 「국화를 보고 느끼다」라는 칠언시를 썼다. 앞머리가 '인정이 어찌 사물의 무정함과 같을까, 갈수록 마주치는 일에 불평일세'로 시작한다. 그 시의 마지막 두 구가 뜨끔하다.

우연히 동쪽 울타리로 가니 부끄러움이 얼굴 가득

진짜 국화를 가짜 도연명이 보기 때문이라네

偶向東籬羞滿面 眞黃花對僞淵明

'동쪽 울타리에 핀 국화'는 진나라 처사 도연명이 특허 낸 시의 詩意다. 국화의 정취는 도연명쯤 되어야 만끽할 수 있는데, 아취가 모자란 사람이 울타리 곁에서 얼쩡대는 짓이 부끄럽다고 목은은 말한다. 목은의 '우연히'는 겸손한 표현이다. 우연은 인연을 맺기도 한다. 하지만 우연은 아무에게나 오지 않는다. 우연은 준비된 마음을 편든다.

닿고 싶은 살의 욕망

만년필은 '만년토록 쓰는 붓'이다. 참 본때 없는 이름이다. 기능을 과장하고자 붙인 것이 분명할진대, 이 이름으로 만년필의 볼품을 설명하기는 턱없다. 한때 '유수필流水筆'이란 별칭이 있긴 있었다. 그러나 '흐르는 물 붓'은 오간 데 없이 사라지고 '만년필'로 곧장 입에 익어버렸다. 'fountain pen'이라는 만년필의 원뜻을 살리려면 처음부터 '샘붓'으로 옮겨야 마땅했다고 주장한 옛 문인도 있었다. 수명이 오래간다는 점만 강조한 것은 명명자의 수사학이 부족한 탓이다. 하기야 연필도 거기서 거기다. 흑연 가루로 만들었다고 '연필'이라고 했다. 'pencil'의 라틴어 어원을 찾아보니 '작은 꼬리'라고 되어 있다. 이 앙증스러운 뜻을 도외시하고 재료를 이름에 박아버린 편의주의자가 누군지 궁금하다. 이름은 가끔 본색을 욕보이기도 한다.

이름이 밉다고 만년필의 살가움이 어디 가는 건 아니다. 만년필은 나의 오래된 애물이다. 이십 년을 훌쩍 넘긴 단짝, 내 만년필의 상표는 몽블랑이다. 미끈한 아랫도리를 검은 스타킹에 감춘 손 안의 연인이다. 체구가 단단해 강단 있는 사내로 남들은 오해하지만 나는 몽블랑을 내 손길에 목마른 여자로 여긴다. 알다시피 몽블랑은 백 년의 전통을 자랑하는 수제품이다. 뚜껑 머리에서 빛나는 하얀 별 로고는 얼마나 매혹적인가. 오해하지 말기 바란다. 몽블랑이라서, 명품이라서 사랑하는 게 아니다. 고백하건대, 사랑한 여인이 준 것이어서 사랑한다. 그 여인은 이제 가고 없다. 사람이 가고 사랑이 남았다. 옛 사람의 그림자는 희미하지만 몽블랑은 옛 사랑의 선연한 자취다. 그러니 몽블랑으로 글을 쓰면 꺼진 열정이 되살아나는 듯 황홀한 착각에 사로잡힌다. 나에게 만년필은 미완성의 사랑이자 안타까운 페티시즘이다.

만년필은 무엇보다 감촉의 설렘을 촉발한다. 살은 살에 가닿고 싶다. 만년필은 닿고 싶은 살의 욕망을 필체로 드러내는 도구다. 필기구의 촉감은 필기의 내용을 장악한다. 서예를 보면 안다. 부드러운 붓털의 성질이 붓글씨의 겉과 속을 좌우하지 않는가. 만년필도 마찬가지다. 만년필로 글씨를 쓰면 푸르고 검은 잉크 색의 단순한 선택을 넘어 갖가지 미감이 발현된다. 만년필은 마르고, 축축하고, 진하고, 묽은 느낌을 구사한다. 그뿐이 아니다. 글씨의 표정을 다채롭게 살려내기도 한다. 굵고 가늘고, 빠르고 더디고,

강하고 약하고, 윤택하고 칼칼한 글씨의 모양을 쓰는 이가 마음대로 연출한다. 나의 몽블랑은 촉이 갈라진 지 오래다. 글씨를 쓰면 획이 툭툭 끊긴다. 나는 촉을 바꾸거나 고치지 않았다. '파필의 묘미'를 거기서 발견했기 때문이다. 파필은 서예에서 일부러 붓끝이 갈라지게 쓰는 것을 말한다. 파필로 쓰면 '비백', 곧 '날아다니는 여백'의 효과를 맛볼 수 있다. 붓글씨에서나 가능한 미감을 만년필로 즐기는 셈이다.

나는 만년필로 한시 쓰기를 즐긴다. 주로 남녀의 농염한 사랑이 주제가 된 시를 베껴 쓴다. 하필 그런 시냐고 남들이 묻는다. 그들에게 만년필이 내 손에 들어오게 된 연유를 다 털어놓을 순 없다. 소이부답笑而不答일 뿐. 몇 년 전의 일이다. 가까운 어른들을 모신 술자리에서 주흥에 못 이겨 십여 수의 한시를 쓴 적이 있었다. 만년필 글씨에서 파필의 붓글씨 흥취가 나는 것이 그분들은 신기했던 모양이다. 시의 내용보다 글꼴이 마음에 든다고 하는 분도 있었다. 유독 한 분이 막 쓰기를 끝낸 시 하나의 뜻을 물었다. 청나라 주당朱棠이 써서 조선의 이상적에게 건네준 대구였다. '華濃憨客鬢 酒薄勝人情' 해석하면 이렇다. '꽃이 농염하면 나그네의 귀밑털이 부끄럽고／술은 허름해도 사람 사는 정을 낫게 하네.' 뜻풀이를 들은 그분은 무릎을 치며 거푸 잔을 비웠다.

며칠 뒤 그분에게 몽블랑 하나를 사서 보냈다. 내가 존경하는 분인데다 만년필로 쓴 한시에 유난히 흥감해 하기에 선물한 것이다. 나는 그 일을 까맣게 잊었다. 그분과 다시 합석한 것은 제법 날들이 흐른 뒤였다. 그분이 주머니 속에서 몽블랑을 꺼내 나에게 돌려주었다. 쓴 미소를 머금으며 하신 그분의 말씀. "만년필의 감촉이 너무 농염해서 말이야, 내 늙음이 부끄러워져." 주당의 시를 되새김질해 본 그분이었다. 몽블랑이 부끄러우면 나도 늙어갈 무렵일 터인데 늙어도 부끄럽지 않기가 어렵다. 아니, 늙어서도 부끄러움을 모를까 두렵다.

사랑은 아무나 하고, 아무 때나 해라

한 시절 젊은이들이 쓰던 유행어가 있다. '밤일낮잠'. 밤에 일하고 낮에 잔다는 말이다. 화투판 용어인 '밤일낮장'에서 빌려온 우스개다. 아닌 게 아니라 청춘의 정력은 참으로 절륜하다. 그들에게 밤은 없다. 무도장은 플로어에 발 디딜 틈이 없고, 심야극장은 빈 좌석 찾기가 어려우며, 집에서는 채팅이다, 게임이다 해서 밤을 꼴까닥 샌다. 그럼 잠은 언제 어디서 자느냐고 물었더니, 낮에 지하철과 도서관에서 잔단다. 청춘은 새벽이슬처럼 사라진다지만 향유하는 순간은 만세 만만세다.

토막잠을 잔 그들은 벌건 대낮에 사랑놀이를 즐긴다. 몇 해 전, 밸런타인데이의 신상품 하나가 나왔다. 어느 통신회사가 '게릴라 프러포즈'라는 걸 개발했단다. 젊은이들의 인기를 끈 이 상품은 여자가 남자에게 초콜릿을 건네며 사랑을 고백하는 길거리 이벤

트였다. 관중이 빙 둘러서서 남녀를 지켜본다. 여자가 "오빠, 사랑해" 하고 속삭이면 모인 사람들은 "와!" 하고 박수를 쳐준다. 남우세스럽다고? 몰라도 한참 모르는 소리다. 중인환시衆人環視에 사랑을 고백하는 것이 금세기의 유행이란다. 지하철에서 대담한 애정행각을 벌이는 장면은 늙은이들의 외면을 받지만 청춘에게는 신 나는 모험이다.

이 상품은 국경도 없다. 같은 밸런타인데이, 뉴욕에서는 '큐피드 택시'가 운행했다. 전광판에 "톰은 주디를 사랑한다" 따위의 메시지를 달고 돌아다니는 택시다. 신청만 하면 내가 누구를 사랑하는지, 다운타운에 소문을 다 내준다. 염문 유출에 드는 비용은 이십오 달러다. "뉴욕에는 빨래터나 물레방앗간이 없어서 그러느냐?"고 묻지 마라. 백주의 애정표현은 청춘의 신상품이 된 지 오래라고 했잖은가. 화통한 세상의 방자한 유희가 오늘의 사랑풍속이다.

관중을 동원하는 백주의 사랑은 앞선 시대에는 드문 풍경이다. 조선 후기 화가인 혜원 신윤복은 인적 없는 날의 남녀 밀회를 〈월하정인月下情人〉이란 풍속화로 남겼다. 담벼락 앞에서 초롱을 든 두 연인이 에둘러 수작하는 그림으로 잘 알려졌다. 거기에 이런 제발이 들어 있다. '달은 기울어 밤은 삼경인데, 두 사람 마음 두 사람은 알겠지.' 그림 속 남녀의 사랑은 수줍다. 수줍거니와 보는 눈이 아예 없다. 연심을 들키기는커녕 만상이 고요해 콩닥거리

신윤복 | 〈월하정인〉 | 18세기 | 간송미술관 소장

는 남녀의 맥동만 전해질 따름이다. 그러니 소리 소문 없이 달빛에 물든 염정이 익는다. 노인을 위한 나라는 없다 해도 노인은 목청 높여 외치고 싶다. "청춘들아, 사랑은 아무나 하지만 아무 때나 하지는 않는다."

16세기 조선시대 부안 땅에는 기생 출신인 '계생'이라는 시인이 있었다. 아호인 '매창'으로 흔히 불리는 여자다. 그녀는 소인묵객騷人墨客이 들끓은 유명짜였지만 신분은 어쩔 수 없이 은근짜였다. 계생의 몸가짐은 그리 천격이 아니었나보다. 허균과 우정에 가까운 연정을 주고받은 걸 보면 짐작이 간다. 해도 계생은 취객들의 치근덕거림에 넌더리가 났다. 그녀는 강다짐을 부리는 대신 시 한 수로 남정네를 녹진녹진하게 다독인다. 바로 이 시다.

    술 취한 그대 비단 적삼 붙잡으니

    적삼이 손길 따라 찢어지려 하네요

    그까짓 적삼 아까울 리 없지마는

    은근한 정 끊어질까 두렵네요

  醉客執羅衫 羅衫隨手裂 不惜一羅衫 但恐恩情絕

술기운을 빌린 난봉꾼의 음심이 무릇 그러하다. 우악스럽게 소매를 부여잡고 침소로 끌어당긴다. 여심은 미묘하다. 속궁합이 익어야 환정이 열릴 것 아닌가. 취객을 퇴짜 놓는 계생의 은근함, 이

신윤복 | 〈소년전홍〉 | 18세기 | 간송미술관 소장

를 헤아리지 못하는 남자는 청루에서도 공방지기 짝 난다.

혜원은 〈월하정인〉처럼 소심한 사랑놀음만 그린 것이 아니다. 〈소년전홍少年剪紅〉을 봐라. 쑥덕질 받기에 딱 알맞은, 무람하기 그지없는 그림이다. 여기서 젊은 서방은 대놓고 계집질한다. 소매 잡아채기를 그렸으나 소매가 찢어지는 게 아니라 팔뚝이 떨어져 나갈 판이다. 상투 위에 사방관을 쓴 사내는 상판이 영판 게이를 닮았다. 턱 밑에 수염 한 점 없는, 귀때기 새파란 젊은것이다. 꼴에 곰방대는 긴 것을 골랐다. 몸종은 서방보다 연상으로 보인다. 밑동이 짧은 도련 아래 살짝 보이는 젖통에 살이 제법 오른 걸 보면 안다. 그녀는 사내의 완력이 힘에 부쳐 엉덩이를 쑥 빼며 앙버틴다. 시방 사내는 몹시 급하다. 마나님은 집을 비웠고, 보는 눈 하나 없는 뒤뜰이다. 몸종은 벌건 대낮이 부끄러운지 뒷머리를 긁적인다. 사내가 노린 합궁은 보나마나 성공했을 것이다. 몸종의 표정에서 싫은 기색이 아니라 내켜하는 기미마저 보인다. 싫은들 또 어쩌랴. 완력보다 지체에 눌리는 신분사회 아닌가.

화가는 일방적 잡아채기가 통하는 이 살풍경을 부정하려는 심사인가. 그런 것도 아니다. 혜원은 계생이 읊조린 여심을 모를 위인이 아니다. 남녀의 그렇고 그런 춘정을 읽는 데는 상수였던 그다. 단서는 그가 적은 그림 속 제시에서 보인다.

빽빽한 잎에 짙은 초록 쌓여가니

가지마다 붉은 꽃 떨어뜨리네

密葉濃堆綠 繁枝碎剪紅

청춘의 엽록소는 봄날에 절정을 이룬다. 젊은 사내의 초록빛 춘정은 이기적이다. 그 앞에 붉은 여심은 버티지 못하고 추락한다. 혜원은 신분사회의 겁탈을 옹호한 것이 아니라 허겁지겁할망정 청춘을 긍정하는 쪽이다. 청춘이 무언가. 이름만 들어도 가슴이 뛰는 명사일지니, 어떤 실수도 그 앞에선 관대하다. 〈소년전홍〉은 지분거리는 욕정을 앞세워 봄날의 물오른 에로스를 내비친 그림이라 하겠다.

당나라 금릉 출신으로, 기생 신분에서 단박에 헌종의 총애를 받는 귀하신 몸이 된 여인이 있으니, 두추랑杜秋娘이다. 두추랑은 시기詩妓로 중국에서 둘째가라고 하면 서러워할 위인이다. 혜원의 그림이 청춘을 장려하고 있다면 두추랑은 청춘을 독려하는 시를 남겼다. 「절화지折花枝」라는 시다.

그대 젊은 시절 금실 옷 못 입었다고 섭섭해 마소
그대 젊은 시절 헛되이 보낸 걸 안타까워하소
꽃이 피려할 때는 냅다 꺾어버리소
꽃 지고 나면 공연히 빈 가지만 꺾을 테니까
勸君莫惜金縷衣 勸君惜取少年時

花開堪折直須折 莫待無花空折枝

　　혜원의 〈소년전홍〉이 무슨 말인고 하니 '젊은 시절의 꽃 꺾기'라는 뜻이다. 두추랑과 혜원은 어쩜 이리도 통하였을까.
　　혜원은 〈월하정인〉과 〈소년전홍〉을 통해 밤낮을 가리지 않는 사랑을 그렸다. 아예 '밤일낮일'이다. 그중에서도 〈소년전홍〉은 상스러운 말로 영작하자면 'daylight fishing'이 소재다. 그러니 청춘들아, 고쳐 말하마. 사랑은 아무나 하고, 아무 때나 해라. 그대들의 발칙한 애정행각을 야만적 풍속이라 욕하는 늙고 낡은 것들 앞에 혜원의 〈소년전홍〉을 들이밀어라. 우리에게는 이처럼 사랑에 배고픈, 끈질기게 살아남은 전통이 있었노라 강변하면서.

지곡마을의 쪽빛 농사

벌교 지곡마을 한광석의 집 마당에는 쪽물 들인 무명 스무 자 짜리 한 필이 통째로 바지랑대에 걸려 있다. 초가을의 햇빛은 웬걸, 날 궂은 오후가 지루하게 이어지는 시골길에서 바람에 펄럭이는 쪽빛 무명천을 보노라니 속이 짠하다. 오늘은 저 쪽빛이 어디서 왔는지 알겠다. 내내 내린 가랑비가 가을 하늘 한 줌을 훔쳐다 무명에 흩뿌렸을 것이다. 하늘의 수심까지 올올이 뱄는지 이날따라 쪽빛은 수수롭다. 안방으로 안내하는 이 토박이 '색色농군'의 어깨가 처져 보여 오랜만에 찾은 방문객의 마음까지 공연히 울적하다.

그는 다관에 끓는 물을 부었다. 올해 색농사 작황이나 물어보려 했는데, 그가 딴소리를 한다. "우전차, 우전차 해쌓지만 곡우 지나야 차맛이 자연맛이제. 드셔보소. 뜨신 물에 부셔도 떫은 게 있는지." 아닌 게 아니라 좀 뜨겁다 싶은 물을 부었는데도 차맛의 여운은 길게 꿈틀댄다.

벽에 김지하 시인이 친 난 그림이 걸려 있다. 제題하기를 '조선 물집 한가 솜씨'라 했다. '물집'은 물들이는 집이다. '한가'는 한광석이다. 십여 년 전에 김 시인이 한광석이 물들인 쪽색 모시를 보고 쓴 글이 있다. "아, 그 모시의 쪽빛을 무어라 표현하면 좋을까! 나는 한 마디밖에 모른다. 꿈결!" 꿈결이라니, 그것은 실재에서 비유할 말을 찾지 못할 때 동원하는 속 편한 수사 아닌가. 천하의 시인이 몽상에서나 만날 색으로 쪽빛을 꼽았으니, 나 같은 범수가 쪽빛에 무슨 말 더듬이를 걸치겠는가. 한광석은 쪽색을 '청靑도, 벽碧도, 남藍도 아닌 까마득한 색'이라고 말한 바 있다. 차라리 '까마득하다'라는 표현이 쪽색의 정체에 가까울지 모르겠다. 그래, 쪽색은 오리무중이다. 글이 닿지 않고 그림이 좇지 못한다. 글로 쓰고, 그림으로 그리는 순간 쪽색은 달아난다. 내가 가을비에 묻어 내려온 하늘색이라고 말해 본들 췌사에 그칠 뿐, 쪽색은 본시 천변만화하는 운명을 타고나는 법이다. 한광석은 천연덕스럽게 말한다. "용쓰지 마소. 도야지에 코 박고 십 년은 버텨야 쪽빛을 아는 벱이여."

한광석 앞에서 쪽빛을 잘못 말하다간 '쪽팔리기' 십상이다. 그 말조차 입 밖에 내서는 안 된다. 말발 세기로 호가 난 한광석은 당장 이렇게 퉁을 준다. "음메, 쪽 파는 사람은 난디 우째 남 장사허는 거 건들어?" 쪽은 덮어두고 다른 농사를 물었더니 그가 장롱을 연다. 쏟아져나온 염색 천들을 죽 펼쳐놓는데, 모시풀로 만든 모시, 고치실로 엮은 명주, 목화에서 딴 무명, 삼에서 난 삼베들이 대풍이다. 색들은 저마다 '날 좀 보소' 아우성친다. 잇꽃과 소목으로 물들인 다홍과 꽃분홍, 황벽나무와 황련에서 나온 노란색, 신나무를 삶아 물들인 검회색, 지초로 색을 낸 자주와 보라색 그리고 쪽과 황벽나무를 이용한 두록색⋯⋯. 비로소 눈앞이 시원해지고 가을비에 우울했던 마음이 싹 가신다. 자연염색이니 천연염색이니 하지만 한광석은 굳이 '전통염색'이란 말을 고집한다. 옛사람이 손으로 하던 방식만 따르니 그럴 만도 하다. 화공염색으로 제작된 색들은 눈을 찌른다. 그런 강렬한 색채를 한참 보다 고개를 돌리면 비문증처럼 눈앞이 어른거리는 현상이 나타나는데, 그가 만든 샛붉은색은 잔광조차 남지 않는다. 그저 망막에 순하게 스며든다. 우리 눈을 위로한다. 보다가 쓰다듬다가 품다가 비비다가 온갖 짓 다해가며 그 자연색을 탐애하는 나를 물끄러미 보더니 그는 기어코 한마디를 한다. "끼고 살 게 따로 있제. 남세스럽소잉."

배웅하러 나오면서 한광석은 장돌뱅이 신세를 털어놓는다. 이제 물들일 무명 한 필 구하기가 하늘에서 별 따기란다. 방방곡곡을 다 뒤져서 비단보다 비싼 무명천을 산단다. 사라져가는 것을 붙잡는 그의 마음 씀씀이가 쌍그렇다. 아무도 눈 돌리지 않았던

전통염색의 외길은 쪽빛처럼 멍들었다. 이 전통 염장(染匠)이 어깨 펼 날은 언제일는지.

침묵 속으로 달리다

　내 인생에 이제 달리기는 없다. 한 시절은 뻔질나게 달렸다. 조급증 잘 내는 성미라 초짜 주제에 십 킬로미터, 이십 킬로미터는 우습게 봤다. 그 바람에 무릎이 나가고 발목도 잡쳤다. 늦바람난 수캐처럼 날뛰다 된통 당한 꼴이다. 달리는 기쁨을 빼앗긴 나는 풀이 죽었다.
　노름에 미친 자는 하늘에 뜬 보름달을 보고도 팔광 잡았다고 한다든가. 내가 영판 그 짝이 되었다. 텔레비전에서 마라톤 중계만 나오면 오금이 저린다. 가만히 앉아 있어도 심장박동은 요란하다. 내 깐에는 이미지트레이닝한답시고 손에 땀까지 쥔다. 앉은뱅이 용쓰는 애비가 딱한지 아들은 퉁을 준다. "아빠, 두 시간 넘게 똑같은 장면만 나오는데 뭐 볼 게 있어요?" 아들은 지루한 시청을 못 견딘다. 경박단소輕薄短小가 아들의 즐거움이다. 인생은 지루해서 그 지루함을 이기기 위해 달리지만, 달리는 지루함을 이기지 못하면 인생을 모른다는 것을 이 아이가 어이 알까.

올해 뉴욕마라톤대회는 평생에 두 번 보기 어려운 장면을 연출했다. 세계신기록 보유자인 케냐의 폴 터갓이 일등을 차지했다. 이등은 남아프리카공화국의 헨드릭 말라야. 두 사람의 기록은 0.32초 차이였다. 이 차이를 백 미터 경주로 바꾸면 약 만 분의 팔 초라고 한다. 이는 눈 깜짝하는 차이가 아니라 숨 막히는 차이다. 백 리 길을 달려온 사람들이 0.32초 차이로 승패를 가르는 것은 정말이지 참혹하다. 사백 미터를 남겨놓고 두 사람은 남은 기력을 쥐어짜며 전력질주했다. 마지막 일 미터 앞에서 말라야는 가슴을 앞으로 내밀었다. 그러나 다리가 꼬이면서 나뒹굴었다. 결승 테이프는 터갓의 가슴에 닿았다. 말라야는 "내 힘은 바닥났다"고 말했다. '백척간두진일보'는 이럴 때 쓰는 말이다. 흔히 '주마가편'과 비슷하게 쓰이지만 '죽음을 각오하다'가 본뜻이다. 한 발 더 내미는 순간, 그곳은 허공이자 나락이다. 심장이 터지는 힘으로 말라야는 가슴을 내밀었다. 백 리 길이 끝나는 지점에서도 인생은 따뜻한 위로가 아니라 가혹한 채찍을 든다.

지난 일요일 저녁모임에 나갔다가 춘천마라톤대회에서 처음 완주한 선배를 만났다. 그는 경기 당일의 흥분을 채 가라앉히지 못했다. 주최 측이 휴대폰으로 완주 시간을 알려주었다며 다섯 시간 넘는 기록이 찍힌 문자 메시지를 흐뭇한 표정으로 보여주었다.

그는 애초 십 킬로미터만 달리기로 마음먹었다. 그 이상 달려본 적도 없었다. 그랬는데 복어 뱃살 닮은 아저씨가 앞서고 추풍낙엽 같은 아가씨가 추월하더란다. 부끄럽다가 나중에는 오기가 발동했다는 것이다. 걷다가 뛰다가를 반복하다가 어언 삼십 킬로미터 지점을 넘길 즈음이었다. 정신은 혼미하고 몸은 초주검이 되었다. 그때 언뜻 주변 풍경이 눈에 들어왔다. 바람에 날리는 나뭇잎, 햇살에 부서지는 강물, 떠다니는 구름들……. 그는 뻔한 풍경이 생시에 보는 것과 다르게 느껴졌다. 몹시 황홀하고 아름다워서 달리는 자신을 잊었고, 결승점을 통과하고서야 정신을 찾았다.

　나는 알 것 같았다. 마라톤 완주는 한 적이 없지만 달리는 나에게 펼쳐지는 풍경은 기억한다. 죽을힘을 다해 한 발짝씩 옮기는 마라토너에게 스쳐가는 풍경은 아무런 부축이 되지 못한다. 달리는 자에게 풍경은 무자비한 침묵이다. 추호의 위로도, 일말의 동정도 보여주지 않는다. 풍경은 마라토너의 고독을 뼈저리게 한다. 달리는 자들끼리의 맹렬한 소외감도 무섭다. 그때 스쳐가는 풍경은 아름답다기보다 서럽다. 빈사의 상태에서 보이는 풍경은 그러나 서러워서 아름다운 것이다. 달리는 자의 살인적인 지루함과 고단함, 이를 지켜보는 풍경의 무서운 침묵. 침묵을 이기지 못하는 인생은 낙오한다. 그것이 마라톤의 본색이다.

　선배는 사진기자로 일할 때 마라톤을 여러 번 취재했다. 그는 지금까지 찍은 마라톤 사진이 헛것이었다고 고백했다. 침묵하는 풍경을 달리는 자의 눈으로 찍어야 한다는 것이다. 그 사진이 어떻게 나올지는 알 수 없다. 카메라를 목에 걸고 달리는 그를 내년 마라톤 중계에서 보게 될지도 모르겠다.

옛사람의 풍경 하나

옛 그림 가운데 책 읽는 사람을 그린 장면이 더러 있다. 그런 그림을 보면 독서의 목적이 분명하게 드러난다. 독서는 혼자 해야 맛인데, 조선 후기 화가인 강희언과 유숙은 유별난 그림을 남겼다. 그들은 사람들이 떼를 지어 글 읽는 장면을 그렸다. 턱을 괴고 누워 책을 보는가 하면 시라도 음송하는 양 먼산바라기를 하거나 글쓰기에 나선 인물들이 그림 속에 한꺼번에 등장한다. 이들에게 독서는 공부가 아니라 풍류처럼 보인다. 시쳇말로 '열공모드'가 아니라 품격 높은 놀이다. 독서는 한갓진 여흥이 되었다. 드물게도 화가 윤덕희는 아녀자가 독서하는 장면을 그렸다. 지그시 눈을 내리깔고 손가락으로 글자를 더듬으며 책을 읽는 모습이 무척 엄숙하다. 이 여인의 책 읽기는 한가롭긴 해도 풍류는 아니다. 그렇다고 출세를 노리는 독서도 아니다. 굳이 말하자면 수신에 가깝다.

윤덕희 | 〈책 읽는 여인〉 | 18세기 | 서울대학교박물관 소장

독서가 마냥 여유로운 것은 아니다. 조선 말 화가 유운홍은 책 읽기의 고단함을 그렸다. 젊은이가 걸어가며 독서하는 그림인데, 땔감을 굴비 두름처럼 엮어 어깨에 멘 사내는 책 읽는 데 혼이 팔린 모습이다. 그림의 주인공은 한나라 무제 때 승상을 지낸 주매신朱買臣이다. 집안이 가난해 나무를 팔아 끼니를 마련했다는 그는 한심한 책벌레로 아내에게 구박을 받았고 밤낮으로 책만 읽다 종당에는 이혼을 당했다. 절치부심한 끝에 그는 태수의 자리에 올라 금의환향한다. 이 뻔한 성공담 속에서도 그의 이름이 회자되는 이유는 죄를 뉘우친 아내가 용서를 빌 때 이를 안타까워하면서 한 말 때문이다. 그가 내뱉은 말은 '엎지른 물은 다시 담기 어렵다'였다. 주매신의 입신양명은 책 읽기에 힘입은 바 크고 그에게 독서는 어려운 시절을 이겨내는 희망이었다. 유운홍의 독서 그림은 고진감래의 교훈을 담았다.

오원 장승업도 책 읽는 모습을 그린 그림을 남겼다. 〈고사세동도高士洗桐圖〉가 바로 그것이다. 제목을 풀이하면 '선비가 오동나무를 닦다'라는 뜻인데, 숨은 이야기가 재미있다. 마당 안에서 선비는 독서삼매에 빠져 있고 그 곁에서 시동이 수건을 들고 부지런히 오동나무를 닦고 있다. 그림 속의 선비는 원나라 말기의 시인이자 화가인 예찬倪瓚이다. 부유한 집안에서 자란 그는 일찍이 학문과 예술에 심취해 가산을 털어 골동과 악기와 서책을 사모았다. 그는 누각을 세워 그 안에 수천 권의 서책을 쟁여놓고 일일이 교

장승업 | 〈고사세동도〉
19세기 말 | 삼성미술관 리움 소장

정을 보았다. 탈속한 선비답게 늘 책을 읽거나 시를 지었다. 그에게는 몸에 밴 버릇이 있었다. 병이 될 만큼 심한 결벽증이었다. 그는 시도 때도 없이 목욕을 했다. 세수를 할 때는 물을 몇 차례나 갈았고 의관도 하루에 서너 번씩 정제했으며 심지어 정원에 있는 괴석이나 나무도 시종에게 시켜 하루 종일 닦도록 했다. 이 결벽증이 오원이 그린 그림의 모티프가 된 것이다.

음풍농월로 지샌 예찬에 비하면 오원은 파란곡절을 겪은 잡초였다. 오원은 문자에 어두운 화가로 남의 집을 전전하며 끼니를 때웠다. 타고난 그림 솜씨 하나로 낮은 직급을 얻었지만 그것도 잠시, 인생을 제멋대로 살았다. 시속과는 문 닫아건 예찬의 일화를 저잣거리 화가인 오원이 그린 것은 아이러니처럼 보인다. 그러나 그 속은 닮았다. 예찬은 유용한 책 읽기에서 벗어나 바라는 바 없는 무위의 독서를 추구했고, 오원은 데데한 격식에 얽매이지 않고 일탈과 방임을 따랐다. 멋 부리기 위한 독서가 있는가 하면 제 몸을 닦기 위한 독서가 있고 출세를 위한 독서가 있다. 심지어 하릴없는 독서도 있으니 옛사람들이 남긴 갖가지 독서 풍경이 갖은 색을 갖추었다. 바야흐로 바람은 살랑이고 꽃은 피는데 무엇을 도모하며 책을 읽을 것인가.

묘약을 어디서 구하랴

사무실을 옮기다 잊고 있던 짐 하나가 나왔다. 보따리를 풀었더니 약들이 쏟아진다. 알약, 가루약, 물약, 고약, 첩약, 탕약……. 참 골고루도 섞여 있다. 먹는 약, 바르는 약, 붙이는 약, 죄다 있다. 일 년 전 것이 있는가 하면 십 년 전 것도 있다. 양量이 놀랍고, 종種이 신기했다. 대부분 겉봉을 뜯지도 않은 것들이다. 희한하게도 내가 산 약은 없었다. 하나같이 선물 받은 것만 모아놓았다. 약이 선물이 되는지 모르겠다. 준 사람은 선물이라고 했다. 그들은 약을 건네며 "건강하세요"라는 덕담을 빠뜨리지 않았다. 왜 이리 많은 약을 받은 것일까. 내가 병치레 잦은 약골로 보였나 싶어서 민망했고, 먹으라고 준 선물을 입에 대지도 않은 것이 미안했다. 약통의 먼지를 털어내며 그들의 마음씨를 돌이켜보았다.

촌스러운 포장지를 붙인 약에 먼저 눈이 간다. 오래전 미국에

사는 화가가 북한에 가서 사온 것이다. 그는 약 이름이 재미있다고 깔깔 웃었다. '다시마 알'이다. 다시마에 무슨 알이 있을까 보냐. 내용물은 알약이다. 다시마에서 추출한 성분을 환丸으로 만들어서 그런 이름이 붙었다. 따지자면 약품이 아니라 식품이다. '식약동원食藥同源'이라는 말이 유행하고, 내남없이 몸에 좋은 것은 다 약이라고 하니 그냥 넘어가자. 아닌 게 아니라 효능 설명서를 읽었더니 약을 뺨친다. 동맥경화증을 예방하고 치료한다. 중금속 해독에 좋다. 한술 더 떠서 방사선 피해 방지까지 한단다. 나는 피폭被曝의 염려가 거의 없는 사람이다. 재미 화가가 별 걸 다 걱정해 주었구나 싶었다. 아니, 아닐지도 모른다. 최근 피폭을 상상하는 사태가 이 땅에 벌어졌으니 말이다. 그렇다면 그는 선견지명이 있다고 해야겠다. '다시마 알'을 만든 북한은 괘씸하다. 병 주고 약 주는 셈이다. 하루 세 번 세 알씩 먹으라는데, 지금이라도 먹어볼까 하다가 다시 보니 유통기한이 오 년이나 지났다. 개똥이 아니라 '다시마 알'도 약에 쓰려면 없다.

 이래저래 몸 보하기는 글렀구나 하다가 플라스틱 용기에 든 약에 손이 미쳤다. 무슨무슨 '골드'라고 되어 있다. 이것도 건강보조식품이다. 시골 사는 한 여성이 연말선물로 주었다. 잘 되었다 싶어 성분과 함량을 살펴보았다. 눈이 번쩍 뜨였다. 자라의 특정 부위를 순간적으로 얼렸다 말린 뒤 잘게 부수어 분말로 만들었다고 한다. 자라는 강정제로 쓰인다는 것쯤 나도 안다. 게다가 강력한 성분이 첨가되었다. '질 좋은 캐나다산 물개에서 짜낸 기름'이 들어 있는 것이다.

나는 또렷이 기억한다. 선물을 준 여성이 한 말을. 그녀는 "건강하세요" 하지 않고 "힘내세요" 했다. 말랑말랑한 캡슐을 만지작거리며 그 여성을 그려보았다. 배려가 고마워 눈시울이 뜨겁다. 이 '단백질과 미네랄, 비타민의 우수한 공급원'을 장복하면 힘 좀 쓰게 될지 모른다. 제품 맨 아래쪽에 유통기한과 권장소비자가격이 씌어 있다. 가격은 이십팔만 원. 이 정도 고가라면 효능에 절로 믿음이 생긴다. 그런데 이런 낭패가 있나, 이마저도 유통기한이 지나버렸다. 헛물켜다 만 꼴이다.

보따리에 든 숱한 약은 버리고 선물한 사람의 마음은 챙겼다. 돌아보면 그들은 나와 교분이 두텁고 고마운 사람들이다. 유독 나에게 약을 권한 적이 없는 선배의 얼굴이 겹친다. 그의 말이라면 콩 심은 데 팥 난다고 해도 믿었다. 그는 약 대신 말로 때웠다. 조선 후기 한의학자로 '사상의학'을 창안한 이제마의 말이다. "사람의 엉덩이에는 게으름이 들어 있고, 어깨에는 교만함이, 허리에는 음란함이, 심장에는 욕심이 들어 있다." 게으름과 교만함과 음란함과 욕심이라니, 이야말로 만병의 근원 아닌가. 몸이 아예 병덩어리다. 몸은 마음에 의지하고 마음은 몸에 깃드니 어느 세상에서 묘약을 구하겠는가. 아무래도 백약이 무효일 성싶다. 그 많은 약을 선물한 친구들아, 섭섭하겠지만 도리 없다. 무슨 수가 있겠는

가. 아무 수가 없다. 나는 약 안 먹고 버티련다. 삶은 고치는 것이 아니라 견디는 것이다. 그것이 직방이다.

애야, 새우는 너 먹어라

후텁지근한 한낮, 인사동에서 모과차를 마셨다. 달콤한 맛이 혀끝에 감기자 어릴 때 다니던 외가가 생각났다. 나는 감기에 걸려 종일 쩔쩔맸다. 보다 못한 외숙모가 꿀에 재운 모과를 건넸다. 달디단 그 맛은 참말이지, 꿈결 같았다. 대여섯 살의 영혼도 팔 수 있다면, 꿀을 사고 싶었다. 밤새 퍼먹었더니 감기가 달아나고 새벽에 속이 아렸다. 외가는 꿀이 흔했고 친가는 사탕이 귀했다. 단맛은 왕왕 쓸쓸하다. 왜 그럴까. 추억 속의 가난으로 나를 밀어붙이기 때문이다.

'봉제사 접빈객奉祭祀 接賓客'은 종갓집의 규범이다. 조상 모시고 손님 치르는 일이 종부의 평생 노역인 마을에서 자란 나는 그걸 좀 안다. 아버지는 접빈객의 조심스러움을 강조했다. 조선 중기 이달의 시 구절을 인용하며 나를 깨우치기도 했다.

나그네 떠나고 머무는 것

주인 눈썹 사이에 달렸네

行子去留際 主人眉睫間

　실상은 그렇지도 않다. 주인이 찡그려 손님이 떠나는 게 아니라 곳간이 비어 손님을 못 맞는다. 손님이 와야 쌀밥을 먹던 집이 있기는 했다. 살림살이가 나은 이웃집에서 쌀과 찬거리를 꾸어왔으니까.

　이밥이라면 제삿날이 되어야 한술 떠먹은 산골 출신의 사학자와 함께 궁핍한 시절을 돌이켜본 적이 있다. 그는 반 우스개 삼아 이야기 한 토막을 꺼냈다. 탑골공원 뒤편 좌판에서 사천 원짜리 냉면을 앞에 두고 소주를 마신 저녁나절이었다. 시름겨운 가난은 부실한 안주를 풍요롭게 하는 화제다. 네댓 순배에 불콰해진 그는 동네에서 가장 못살던 집 아이가 서럽게 운 사연을 꺼냈다. 그 집에 타관 어른이 찾아왔다. 먼 길 온 분에게 진지를 올리려 했지만 독이 비었다. 엄마는 옆집에 뛰어가 쌀 한 보시기를 빌렸다. 아이는 어른 덕에 쌀밥 먹는 줄 알고 기뻤다. 상을 본 아이가 울상을 지었다. 한 그릇뿐이었다. 보채는 아이에게 엄마는 "어른이 밥을 남기면 줄게" 하며 달랬다. 아이는 상머리에 붙어 밥그릇만 쳐다보았다. 잠시 뒤에 아이가 울며 뛰쳐나왔다. 엄마가 이유를 묻자 아이가 성에 받쳐 하는 말. "밥에 물 말아버렸단 말이야!"

가슴 아픈 모정이 있는가 하면 농담으로 감춘 부정도 있다. 지금은 어엿한 중역이 된 내 후배는 오 남매 집안에서 배를 곯고 자란 기억이 있어 구황식품에 밝다. 못 먹던 지난날을 이야기할 때 도리어 그의 눈빛이 활기를 띤다. "일식삼찬은 먹었다"고 우기지만 보리밥에 푸성귀가 다였을 형편을 내가 안다. 그가 들려준 이야기가 있다. 일곱 식구가 모여 식사하던 어느 날이었단다. 접시에 담긴 반찬을 아껴가며 먹는데 밥은 남아도 접시는 바닥났다. 이내 수저를 놓으면 다른 식구가 미안해할까 봐 후배는 밥만 떠 넣었다. 접시 바닥에 청화 빛깔 새우 한 마리가 그려져 있었다. 물끄러미 접시를 바라보던 아버지가 말했다. "얘야, 그 새우는 너 먹어라." 그때 새우가 살아서 꿈틀거리는 것 같았다고, 새우를 양보한 아버지의 익살을 잊을 수 없노라고, 후배는 짐짓 웃음을 머금고 말했다.

나는 그 후배와 자주 낙원동 골목에서 삼천 원 내고 칼국수를 먹는다. 값싸고 양이 푸짐하다. 천오백 원짜리 국밥도 먹고 싶다. 후배는 나의 구질구질함을 탓하면서도 싫지 않은 낯빛이다. 가난한 음식에 대한 향수만이겠는가. 가난이 마냥 추억인 것도 아니다. 옛 화가는 붓으로 달을 그리지 않는다. 구름을 묘사해 달을 드러낸다. 동양화의 달은 안 그려도 보인다. 그림 속의 달을 보듯 나는 가난을 본다. 이 말을 요즘 아이들은 어렵다고 한다.

값비싼 민어를 먹은 죄

《신의 물방울》의 작가인 아기 다다시樹林伸는 와인에 얽힌 이야기를 맛깔나게 푼다. 그는 세상에서 가장 비싸다는 로마네 콩티를 마셔봤단다. 어찌나 황홀했던지 맛과 여운과 향기에 대해 침이 마르도록 극찬한 글을 썼다. 못 마신 독자에게 염장을 지르던 그의 글은 말미에 가서 웬걸, 떨떠름한 심사를 밝힌다. 그 훌륭한 와인을 마시고 돌아올 때는 갈지자로 걸었다는 것이다. 그의 품평은 이렇게 끝난다. "백만 엔짜리 와인이나 천 엔짜리 와인이나 취하기는 매한가지였고 이것이 평등한 건지 불평등한 건지 고민했다." 고민할 거리가 될까. 불평등한 술도 평등한 취기를 낳아야 공평하다.

초복을 눈앞에 두고 민어를 먹었다. 열 명이 넘는 일행이 먹고도 남은 9.4킬로그램짜리 민어다. 미식가 한 분이 새벽 두 시 어름에 상인을 앞세우고 수산시장 경매에 나가 낙찰을 받았다. 그분 말씀이 '오늘 대한민국에서 나온 민어 중 가장 큰 놈'이란다. 그는 한강변 식당에 상을 차린 뒤 일행을 불렀다. 도톰하게 잘린 민어 회는 빛깔만 봐도 단침이 흐른다. 혓바닥에 감기는 차지고 쫄깃한 생살이야 익히 아는 바이지만 부레를 넣어 끓인 매운탕은 깊숙한 국물맛에 보양식이 따로 없구나 싶었다. 우리가 먹은 민어는 삼박자를 갖추었다. 우선 제철 음식이다. '봄 도다리, 여름 민어, 가을 전어, 겨울 숭어'란 말이 있듯이 민어는 복달임으로 으뜸가는 생선이다. 게다가 가까운 산지에서 난 활어였다. 산 채로 회를 떴으니 선도는 말할 나위 없다. 마지막으로 누구와 더불어 먹느냐가 중요한데, 속 터놓고 지내는 지인들과 어울리면 '만남'이 '맛남'과 같은 소리가 된다.

　식구처럼 지내는 우리 일행은 수저질에 바빴다. 《자산어보玆山魚譜》까지 뒤져보고 온 선배는 뱃살 두어 점을 씹으며 말했다. "민어民魚는 '맛이 달다'고 되어 있더군. 원래 면어鮸魚로 썼대. 왜 '백성 민' 자로 바꾸었을까 생각해 봤어. 양반들이 단맛을 보면서 백성의 쓴맛을 떠올린 까닭이겠지." 선배는 전고와 추측이 뒤섞인 해석을 내놓았다. 백성들이 흔히 먹던 물고기여서 '민' 자를 썼다는 전문가들의 주장도 있지만 그 자리에서 토를 단 사람은 없었다. 어쨌거나 단맛에 길든 양반이 백성의 쓴맛을 이해하면 평등한 것인지 불평등한 것인지, 맛난 민어가 들어간 입으로는 답을 내뱉기 어려웠다.

술이라면 이백에 뒤지지 않은 두보는 청탁을 가리지 않고 마셨다. 상하품 고루 마셔본 그가 갈지자로 걸으며 읊은 시가 있다.

시골집 낡은 동이 보고 비웃지 마소
거기에 술 거르며 아들손자 다 키웠지
은주전자로 좋은 술 따를 때 부럽겠지만
취한 뒤 대뿌리에 걸려 자빠지기는 마찬가지
莫笑田家老瓦盆 自從盛酒長兒孫
傾銀注子驚人眼 共醉終同臥竹根

자빠짐으로써 평등을 완수한 두보는 무릎의 상처가 쓰라렸는지 뒷날 시에 술잔을 잡고 머뭇거리는 장면이 나온다. 며칠 전 어느 문사가 민어탕을 먹고 쓴 글이 신문에 났다. 그는 '아무리 인생이 힘들어도 죽지 말자고 다짐한다. 죽으면 이 맛을 즐기지 못할 것 아닌가'라고 썼다. 안 먹어서 죽지 못 먹어서 죽지 않는다.

오래전에 들은 술꾼과 스님의 일화가 머리에 남았다. 술꾼은 저세상에 술이 없을까 늘 걱정했다. 스님은 그에게 흰 개와 검은 개 이야기를 들려주었다. 검은 개는 흰 개를 부러워했다. 흰 개는 내세에 사람으로 환생하게 되어 있었다. 흰 개가 걱정을 털어놓았다. "내가 사람 똥을 가장 좋아하는데 사람이 되어서도 그걸 좋아할지 걱정이다." 스님이 술꾼에게 말한다. "당신의 걱정은 흰 개의 걱정과 닮았다." 식도락이 탐식으로 나아가면 채신머리없는 사람으로 손가락질당한다. 값비싼 민어를 먹은 게 죄밑이 된 모양이다. 공연한 소리가 길었다.

'누드 닭'의 효험

그날 요리는 '누드 닭'이었다. 생전 듣도 보도 못한 음식이다. 일행은 호기심에 부풀었다. 요리가 나올 동안 화제는 각국의 '털 없는 닭'으로 쏠렸다. 이스라엘 과학자들이 선보인 닭은 웬만큼 알려진 뉴스다. 수년 전 그들은 깃털 없는 닭을 잡종교배로 만들었다. 이 누드 닭은 볼품없는 꼬락서니다. 옷은 홀라당 벗은 채 머리에 관을 쓴 벼슬아치처럼 민망하다. 대신 더위를 이기는 힘이 강하다. 도축이 간편한 것도 장점이다. 《뉴욕타임스》는 이스라엘의 누드 닭을 그해의 아이디어 상품으로 꼽았다.

18세기 중국의 누드 닭은 동물학대의 표본이다. 청나라 사람들은 전염병 방지와 속성 사육을 위해 닭의 털을 생짜로 뽑았다. 이것은 연암 박지원이 목격한 참경이다. 텔레비전에서 봤다며 누군가 한국판 누드 닭 이야기를 꺼냈다. 좌중은 박장대소했다. 토끼와 닭을 한곳에 가둬놓고 길렀더니 멀쩡하던 닭의 깃털이 빠져버렸다는, 설화 같은 실화다. 알고 보니 주범은 토끼였다. 동종끼리 교제할 기회를 빼앗긴 토끼는 원기를 주체하지 못해 밤마다 닭을 덮쳤다. '꿩 대신 닭'으로 그짓을 한 것이다. 토끼는 닭의 의사를 묻지 않았고, 닭은 팔자에 없는 토끼 노릇이 힘겨웠다. 닭이 스트레스로 인한 원형탈모증에 걸린 사례라는 둥 우스갯소리가 밥상머리를 왁자글하게 만들 즈음, 기다리던 요리가 나왔다.

우리가 시식할 누드 닭은 연원이 모호하다. 유전적인 변태 닭은 아니고, 그렇다고 성폭행을 당한 닭도 아니다. 참고할 문헌이 희박하다. 《산림경제山林經濟》나 《임원경제지林園經濟志》에서는 다루지 않았고, 《규곤시의방閨壼是議方》과 《규합총서閨閤叢書》를 뒤져도 기록이 없다. 우리는 이 누드 닭을 특정 지역에서 알음알음으로 구전된 자양강정탕으로 추정했다. 식재료는 시골 마당에서 뛰어다니는 흔한 토종닭이다. 닭에게 먹이는 사료가 관건이다. 닭에게 뱀을 먹이는데, 산 채로는 꺼려할 테니 죽인 뒤에 먹인다. 죽은 뱀은 얼마 지나면 몸에 유충이 슨다. 닭이 그걸 쪼아먹는다. 신통한 건지 가여운 건지, 그때부터 닭은 털이 빠지기 시작한다. 누드 닭이 되는 이유에 대해 생화학적 추론을 해볼 깜냥이 나에게는 없다. 아무튼 스타일이 흉해도 누드 닭은 힘이 세어진다. 깃털 없이 날아다닌다는 목격담도 있다. 일행이 미덥지 못한 눈치를 보이자 그날 조리를 주선한 분이 쏘아붙였다. "이거, 생김새만 닭이지 노는 짓은 독수리거든?"

아닌 게 아니라, 긴 시간 고아내도 육질이 무르지 않다. 씹는 느낌이 질기다. 육수를 뒤적이니 산삼과 황기와 음나무 같은 한약재도 보인다. 요리 방식이야 닭백숙이나 삼계탕과 다를 바 없지만 건더기는 문헌과 족보에 없는 신비의 닭이다. '독수리가 되고픈 닭'이라는데 무슨 말을 더 보태겠는가. 처음 먹는데도 하나같이 저어함이 없다. 좋다는 보양식이라면 두루 맛본, 우리처럼 시시껄렁한 패거리가 그렇다. 다만 되도 안 한 소리 지껄이는 축들과 다른 점은 입가심이 재빠르다는 것. 음식 낯가림이 전혀 없는 예순 초입의 좌장이 시식 소감을 이렇게 정리했다. "이런 걸 전설의 맛이라 하지. 민담을 우려내고 미신을 버무려 푹 고은 맛!"

뒷날에도 '뱀 먹고 털 빠진 닭' 이야기는 술자리의 안주거리가 되었다. 모르는 이들이 궁금해 한 것은 한 가지. 먹으면 무슨 효험이 있느냐는 것이다. 청춘을 불러내는 선식仙食은 없다. 녹양綠楊이 천만사千萬絲인들 가는 춘풍 매어두겠는가. 먹고픈 닭요리가 하나 남았다. 당나라 시인 이하李賀의 닭이다. '장닭 한 번 큰 울음에 천하가 밝는구나[雄鷄一聲天下白].' 새벽 온 뒤 모가지 비틀린 닭은 흔하다. 이 장닭을 어디서 찾을꼬.

이중섭의 소가 맛있는 이유

잇속 챙기려는 작자들이 간롱을 떠는 통에 이중섭 그림이 한동안 혼꾸멍났다. 가짜가 진짜로 행세하고 섭치가 알천으로 둔갑했기 때문인데, 미술시장에서 애먼 그림이 매기가 떨어지고 이중섭의 명성을 홀시하는 데까지 이르렀다. 가짜 그림이 활개 쳐 세상을 속일지언정 그 작가의 삶과 작품이 덩달아 나락으로 떨어지는 일은 어처구니없다. 이중섭은 비난이나 칭찬에 아랑곳 않는 국민화가다. 가짜는 진짜의 우뚝함을 넘보는 까치발이고, 까치발로는 오래 못 버틴다.

나는 이중섭의 소 그림이 맛있어서 군침을 흘린다. 그의 대표작 〈황소〉는 힘이 들어간 퉁방울눈에 콧구멍은 벌름벌름, 입은 함지박처럼 벌리고 울부짖는다. 뿔따구 난 소의 대가리를 클로즈업한 그림인데, 가슴은 시근벌떡거리고 아랫도리는 땅을 박차고 일어나는 품새일 것이 안 보여도 훤하다. 아랫니가 두 개 나 있다. 삼십 개월령 미만의 소다. 볼살이 올라 육질이 팽팽하다.

또 다른 그림 〈흰 소〉는 뼈와 힘줄로 묘사한 우리 토종의 진경이다. 소의 부위별 조직이 해부도를 능가할 정도로 눈에 선하다. 이는 잡는 가축마다 긍경肯綮에 닿았다는, 《장자莊子》에 나오는 전설의 칼잡이 포정이 아닌 다음에야 불가한 통찰이다. 이중섭이 백정 출신이 아니고 정육점을 연 적도 없는데 이런 그림을 그렸다는 게 도무지 믿기 어렵다.

〈흰 소〉를 바짝 들여다보자. 목심의 주름은 치밀하고 지방이 적당해 스테이크로 먹기 좋고, 등심과 채끝으로 이어지는 부위는 결이 고운데다 비육이 알맞아 구이로 제격이다. 마블은 환상일 것이고 치맛살의 풍미야 두말할 나위 없겠다. 늑골은 숫자대로 다 그리지 않았지만 앞다리와 설도의 생김새로 보건대 탕이든 찜이든 구이든 혀에 녹아들 상등품이다. 우둔은 장조림으로, 사태는 스튜로 해먹기에 최적의 상태다. 바짝 치켜든 쇠꼬리와 올라붙은 쇠불알은 시식용이라기보다 수컷의 위용을 뻐기려 한 이중섭의 속내일 성싶다.

어디 맛뿐이랴. 이중섭의 소는 이 땅에서 기른 가축의 씩씩한 성정을 드러낸다. 1954년 봄, 이중섭은 뉴욕현대미술관에 제 작품이 소장된다는 소식을 들었다. 친구들이 앞다투어 덕담을 건넸다. 착해빠진 이중섭은 유난치 않게 응대했다. "내 그림이 비행기

이중섭 | 〈흰 소〉 | 1953년 무렵 | 홍익대학교박물관 소장

를 타겠네." 이중섭을 '순수한 어린애'로 부르거나 '성자'로 비유하는 친지도 있다. 그런 그가 화를 낸 일이 생겼다. 1955년 대구에서 개인전을 열었을 때다. 전시에 도움을 준 미국인 학자가 소 그림을 칭찬했다. "중섭의 소는 스페인의 투우처럼 박력 있다." 이 말을 들은 이중섭이 눈물을 글썽이며 분을 참지 못했다는 것이 동석한 화가들의 증언이다. 그의 소는 화면을 뛰쳐나올 듯 역동적인 게 맞다. 그런데 왜 골이 났을까. 그는 반박했다. "내 소는 한우란 말이야!"

이중섭 홀로 '지상에 머물다 간 천사'는 아니다. 네덜란드의 반 고흐가 버금가는 칭호를 들었다. 반 고흐의 초기작 〈누워 있는 소〉는 최근 한국에서 해외 미술품으로 최고가에 낙찰되었다. 무려 이십구억 오천만 원이다. 그의 소는 털썩 주저앉았다. 시쳇말로 '다우너'다. 우설은 새빨간데 이빨이 안 보여 나이를 모르겠다. 암소라서 살은 부드럽겠다. 이중섭의 〈황소〉나 〈흰 소〉가 얼마에 호가되는지 경매회사에 물어보았다. 둘 다 30~50억 원은 좋이 넘는단다. 〈누워 있는 소〉보다 비싸다는 이야기다. 병풍에 그린 닭이 홰를 치고 울지 않듯이 이중섭의 소가 식탁에 오를 일은 물론 없다. 풀 뜯어먹고 자란 한우는 지게미와 쌀겨를 나눠먹은 아내만큼 고맙고 도탑다. 비싸도 좋다, 한우야. 내 지갑이 거덜 나도록 먹으마.

斷髮嶺望金剛山

2장 : 사람의 향기에 취하다

정선 | 〈단발령망금강도〉 | 18세기 초 | 국립중앙박물관 소장

지나가는 것이 지나가는구나

　머무를 곳 있는 자의 칩거는 은전이다. 도연명의 「귀거래사歸去來辭」가 기쁨으로 날뛰는 것은 고향의 풀내음 흙치레가 코끝과 손끝에 매달려 있기 때문이다. 고향이 있어본들 나 같은 자는 달리 수가 없다. 세상만사 포기하지 못하고 밥숟갈에 붙들린 잡배는 칩거는커녕 피신마저 사치스러운 꿈이다. 번민과 고뇌로 밤새 머리칼을 쥐어뜯을 때, 이룰 수 없는 칩거는 나의 고통을 속이지 못한다. 시름에 겨운 자는 여행이 고작이다. 시름은 집에 있는 것이 아니고 마음에 있는 것이라 집을 떠나도 시름에서 벗어날 수 없음을 나는 안다. 알고도 떠나는 길, 시름은 마음에 얹혀간다.

　올해 마지막이 될 여행지는 강릉이다. 여기저기 쏘다닐 마음은 애초에 품지 않았다. 선교장 객사의 뜨뜻한 아랫목과 경포 앞바다의 찬 겨울바람, 활어회에 곁들인 소주 한잔이면 세모의 밑씻김으로 족할 터였다. 길동무로 나선 소설 쓰는 선배는 두 가지 주문을 달았다. "주종을 사케로 바꾸고, 굴산사지에 들를 것." 그는 사케를 혹애한다. 그 때문에 '친일파' 소리도 들었다. 사케는 비축해둔 것이 있어 안심이지만 굴산사지는 데퉁맞은 소리였다. 집도 절도 없는 휑한 터를 무슨 요량으로 가자는 걸까. 시큰둥한 나에게 그는 명토를 박았다. "거기 당간지주와 석불좌상이 있잖아. 폐허도 좋고." 그는 노는 자리에서 공부하는 악취미가 있다. 무슨 심산인지 따져볼 양 그가 쓴 글 하나를 미리 들쳐보았다. 선배가 여주 고달사 옛터를 둘러본 뒤 쓴 글이다. "폐허는 그 위에 세워졌던 모든 웅장하고 강고한 것들에 대한 추억으로서가 아니라 그 잡초 더미 속에서 푸드득거리는 풀벌레들의 가벼움으로 사람을 긴장시킨다. 폐허에서는 풀벌레가 영원하고 주춧돌은 덧없어 보인다." 그는 굴산사 터에서 영원한 것을 보려는 걸까, 덧없는 것을 보려는 걸까…….

경포의 밤 파도는 늙은이의 요실금처럼 질금거린다. 저물어 힘 빠진 물살이 세밑의 헛헛함과 닮았다. 하지만 뱃속을 달구는 사케는 괄괄하다. 술은 망우물忘憂物이라 했지만 시름을 잊으려 들이켜봐도 허랑했던 한 해의 회한이 목구멍까지 차오른다. 숲 속의 꿩은 사냥개가 쫓아내고 폐부 속의 말은 술이 내몬다. 노회한 술꾼은 쏟아낸 말을 거두지 못해도 물러나야 할 때를 안다. 할 말과 못할 말, 참소리와 헛소리가 뒤섞일 즈음이 잠자리에 들 시간이다.

술은 쓰리고 잠은 달콤했다.

　이른 아침 초당두부로 속을 달랜 나그네는 논둑 밭둑을 지나 인적 끊어진 굴산사 옛터에 다다랐다. 박토를 일군 너른 경작지에 풀벌레소리는 들리지 않았고 흙더미 사이로 푸석한 먼지가 날렸다. 굴산사는 9세기 신라 문성왕 때 범일 스님이 창건한 대찰이다. 선배는 마음에 녹아들지 못한 나의 공부를 늘 타박한다. 그는 굴산사의 내력을 적은 원고지 일곱 장의 '교보재'를 건넸다. 나를 단단히 가르치려 작정한 모양이다. 《삼국유사三國遺事》에서 인용한 글은 개창 당시의 설화가 들어 있다. 당나라에서 유랑하던 범일은 한쪽 귀가 잘려나간 학승을 만난 뒤 귀국해서 강릉 일대를 다니다가 돌부처 하나를 발견한다. 개울가에 쓰러진 돌부처도 귀가 없었다. 범일은 그곳에 굴산사를 지었다.

　굴산사의 당우는 남아 있지 않고, 귀 없는 돌부처는 사라졌다. 범일은 열반에 들 때까지 굴산사에서 한 발짝도 벗어나지 않았다. 왕들이 국사로 초청해도 따르지 않았다. 선배가 혼잣말을 했다. "범일은 대처의 땅을 밟지 않았고, 세상잡사를 입에 담지 않았어." 고승의 적멸이 무릇 오리무중이다. 그림자는 산을 벗어나지 않고 자취는 속세에 남지 않는다[影不出山 跡不入俗]. 눈을 밟아도 흔적이 없는 도인의 삶은 그렇다 쳐도 범부의 족적은 가지런하기조차 어렵다. 그래서인가, 한 무제의 문인 동방삭은 은둔 아닌 피신의 묘를 넌지시 귀띔한다. 그는 말했다. "육침陸沈하며 이 세상을

사람의 향기에 취하다 … 113

피한다. 꼭 깊은 산속 쑥대집이어야 하겠는가." 묵언은 어렵고 피신은 힘들며 무흔無痕은 불가하다. 장醬도 없는 놈이 국을 즐긴다고 나의 허세도 그에 못잖다. 선배에게 들으라는 듯 뇌까렸다. "인간 도처가 청산인데 하필 선산에 묻혀야 하는가." 그는 고개를 돌려버린다. 폐허는 황량하고 나그네의 상념은 황잡하다.

귀 없는 돌부처는 아닌 게 아니라 절묘하다. 말하지 않을뿐더러 듣지도 않는, 적요한 깨달음을 굴산사 폐허는 일깨우려는 것인가. 우리는 벌판 초입에 놓인 당간지주를 올려다보았다. 국내에서 가장 큰 규모의 보물이다. 몸돌은 들까부는 장식이 없다. 덤덤하고 졸박한 모양새로 사라진 거찰의 위용을 전한다. 사라진 것이 절뿐이겠는가. 명색은 당간지주로되 당간이 없는 지주다. 깃대에서 날리던 패불은 스러지고, 그 아래서 염불하던 사부대중은 고토가 된 지 오래다. 천년 뒤의 나그네는 당간 없는 지주 앞에서 '가리킴 없는 가르침'을 해독할 수 없어 쩔쩔맨다. 하기야 지극한 노래는 소리가 없으니 굳이 현 위의 손가락을 놀릴 필요가 있으며, 지극한 말은 무늬가 없으니 파고 새기는 수고를 끼칠 연유가 있겠는가. 폐허는 풀벌레소리마저 들리지 않지만, 당간지주는 다함없는 설법을 전한다.

가까이 야트막한 수풀에 석불좌상이 놓여 있었다. 석불은 초라한 모임지붕집 안에 가부좌를 틀고 앉았다. 범일 스님이 가신 뒤 솜씨 모자란 고려의 어느 석장이 만들었을 법한 불상이다. 뻣뻣

한 어깨 아래 투박하게 손질한 몸체, 게다가 훼손된 흔적이 뚜렷했다. 가슴께의 손시늉을 보아하니 지권인智拳印, 곧 비로자나불이다. 가련한 것은 부처님의 용모다. 얼굴이 대패로 밀어버린 듯 잘려나갔다. 불상이라지만 상호相好가 없는 불상이다. 손가락질해야 달을 보는 나는 무참해졌다. 사라진 것들은 사라질 것들의 운명을 기어코 보여준다.

　폐허는 무풍경이고 서울은 살풍경이다. 돌아오는 마음이 여전히 무겁다. 오는 해의 기쁨으로 가는 해의 시름을 덮고자 선배에게 새해 덕담을 구했다. 그는 범일 스님이 폐사지에서 벌떡 일어난 것처럼 읊조렸다. "지나가는 것이 지나가는구나. 다가오는 것이 다가오는구나. 다가오는 것이 지나가겠구나."

연꽃 있는 사랑 이야기

고려 충선왕의 연애담은 애틋하다. 그는 원나라에 머물면서 한 여인과 정을 나누었다. 환국을 앞둔 날, 여인이 그의 소매를 잡고 놓지 않았다. 그는 연꽃을 꺾어주며 메별訣別했다. 몸은 오고 마음은 둔 탓일까. 그리움이 사무쳐 근황이나마 듣고자 하였다. 밀명을 받고 원나라에 간 사람은 심복인 이제현이었다. 그는 탐문 끝에 여인을 만났다. 여인의 꼴은 초라했고, 먹지도 말하지도 못했다. 여인이 겨우 붓을 들어 이제현에게 시 하나를 적어주었다.

떠나시며 준 연꽃 한 송이
처음에는 참으로 붉었답니다
줄기를 떠난 지 며칠이 못 되어
초췌한 모습 저를 닮았답니다

贈送蓮花片 初來的的紅 辭枝今幾日 憔悴與人同

충선왕은 이별의 정표로 연꽃을 주었다. 받은 지 얼마 되지 않아 꽃은 시들었고 홀로 된 여인은 수척해졌다. 돌아오지 않는 왕을 그리는 여인의 잔영이 시의 행간에서 바스락거린다. 사뭇 애처로운 시정이다. 이제현은 귀국하여 충선왕에게 거짓을 고했다. 여인이 술집에서 젊은 남자와 놀아나고 있는데 불러도 오지 않더라고 했다. 왕은 땅에 침을 뱉었다. 한 해가 지나고 그제야 이제현은 왕에게 머리를 조아리며 털어놓았다. 여인의 행색을 들려주고 전해 받은 시를 올렸다. 왕은 하염없이 눈물을 떨구었다. 주군의 처신을 헤아려 일부러 거짓말을 한 신하의 충성심 때문은 아니었다. 시들어버린 그 연꽃조차 더는 찾을 길이 없으리란 걸 안 까닭이다. 성현의 《용재총화慵齋叢話》에 나오는 이야기다.

가엾기는 원나라의 여인이다. 말라버린 꽃에는 향기가 없고 박제된 사랑에는 훈기가 없다. 시든 연꽃 걸어두고 이제나저제나 기다려도 떠난 사랑은 꿈에서나 만날까. 꽃은 자태라도 있지만 몽중의 연인은 깨고 나면 그림자보다 못하다. 하여 청나라 시인 원매袁枚는 이렇게 읊조린다.

저는 빈방에서 꿈을 꿉니다
임이 먼 곳에 계신 걸 잊었고

이별한 마음마저 익숙지 않아

몸 돌려 껴안는데 허공이더이다

妾自夢香閨 忘郞在遠道 不慣別離情 回身向空抱

그리워 그리다가 꿈에 만난 임 얼싸안았더니 웬걸 임이 누웠던 빈자리에 팔을 둘렀다는 하소연이다. 빈방은 썰렁해서 외롭고 시든 꽃은 되살아나지 않아 서럽다. 애잔한 이별의 이미지가 대저 이와 같다.

원나라 여인을 떠올리며 맞춤한 도자기 하나를 고른다. 충선왕이 재위하던 시기와 겹치는 14세기 원나라의 작품이다. 이 청자는 신안 해저 유물선에서 인양한 것으로 국립중앙박물관이 소장하고 있다. 도자기는 빼다 박은 듯 중국 여인의 형용이다. 얼굴에 전형적인 후육미厚肉美가 소담하다. 가장 먼저 눈에 들어오는 것은 여인의 어깨에 있는 꽃이다. 활짝 핀 연꽃이다. 꽃잎 속에 마치 수술처럼 불쑥 올라온 곳은 초를 꽂는 자리다. 그래서 이름 붙이기를 〈청자 여인상 촛대〉다. 높이는 이십 센티미터가 채 안 된다. 여인의 몸통에 바른 유약은 투명한데 유려한 빛깔을 내비치고 있다. 치마에는 매듭으로 장식한 리본이 달려 있다. 한껏 멋을 부린 모습이다. 어깨에서 미끄러지지 않게 하려고 연꽃 아래에 줄을 매어 두 손으로 다잡았다.

도자기 모양은 귀엽다 못해 앙차다. 여느 도자기에서 보기 어려운 형태다. 더욱 놀라운 것은 여인의 얼굴과 손을 처리한 기법이다. 청자빛 몸통과는 별스런 갈색을 띄고 있다. 어찌하여 이색지게 되었을까. 도공은 얼굴과 손 부분에 유약을 바르지 않고 가마에 넣었다. 노태露胎, 즉 도자기용 태토가 그대로 드러나게 작업한 것이다. 그 결과 얼굴과 손은 살갗의 질감을 고스란히 지니게 되었다. 한갓 도자기에 불과하지만, 숨을 쉬고 피가 통하는 듯한 생취生趣는 여간내기의 솜씨가 아니다. 이런 상쾌한 아이디어를 동원한 도공을 과연 14세기, 저 까마득한 고래의 인물이라고 여길 수 있을까.

여인의 표정은 깜찍하고 새침하다. 뾰로통한 낯빛처럼 보이기도 한다. 살집이 도톰한 얼굴에 눈꼬리는 살짝 올라가 있다. 오른쪽으로 잔뜩 몰린 눈동자도 기막히다. 그녀는 어깨 위의 연꽃을 곁눈질로 살피는 낌새다. 물론 촛대에 꽂힌 촛불이 꺼지지 않는지 감시하는 눈초리다. 하지만 감상하는 이에 따라 달리 보이기도 한다.

그녀는 누구를 닮았을까. 아무래도 시든 연꽃에 애끓는 충선왕의 여인과는 거리가 멀다. 차라리 연꽃의 아름다움을 시샘하는 여인네

신안 유물선에서 발굴 | 〈청자 여인상 촛대〉
원나라 | 국립중앙박물관 소장

가 어울린다. 그렇다면 멀리 갈 것도 없다. 조선 정조시대에 '부용'이라는 이름의 여인이 있었다. 부용은 연꽃의 다른 이름이다. 부용은 시 잘 짓는 기생으로 양반인 김이양의 소실이 되었다. 이름이 말하듯 그녀는 연꽃처럼 아름다웠다. 부용은 자신의 미모와 재치를 자랑하는 시 하나를 지었다. 그녀의 이름을 겹쳐가며 읽어 보자.

> 부용꽃 피어 못 가득 붉은데
> 남들은 부용이 나보다 예쁘다고 하네
> 아침나절 내가 둑 위를 걸어가면
> 어찌해 사람들은 부용꽃을 보지 않는가
> 芙蓉花發滿池紅 人道芙蓉勝妾容
> 朝日妾從堤上過 如何人不看芙蓉

이 시에서 부용은 무슨 말을 하려고 하는가. 사람들은 연꽃이 내 얼굴보다 더 예쁘다고 말하지만, 정작 내가 걸어가면 연꽃은 보지 않고 나만 쳐다본다는 것이다. 은근히 자신의 용모를 뻐기는 재기발랄한 시다. 연꽃은 꽃보다 향기가 윗길이다. 비길 데 없이 청량하다. 오죽하면 그 향기로 차를 만든 여인이 있었을까. 청나라 수필문학의 백미인《부생육기》에 나오는 '운'이란 여인이 그 주인공이다. 운은 연꽃 봉오리가 입을 다물 무렵 얇은 천에 찻잎을 싸서 넣었다가 다음 날 입을 벌릴 때 끄집어내어 차를 끓였다고 한다. 그 맛이 어땠을까. 차에 스민 연꽃 향내는 고혹적이다. 중국문학사상 가장 사랑스러운 여인 운이 탄생할 만한 맛이라고 할까.

여름날 뙤약볕 아래 핀 백련은 눈이 시리도록 정결하다. 백련은 고고한 기품이 감돈다. 홍련은 붉은색을 자랑하지만 지나친 교태와는 거리가 멀다. 야하지 않아 수줍은 미소를 머금고 있는 것처럼 보인다. 군자의 처신과 닮았고, 요조숙녀의 정조와 가깝다. 연꽃은 심산유곡에 피는 난초와 다르다. 연못은 원래 연꽃이 피는 못을 뜻하지만, 연꽃 없는 못도 연못이라 부를 정도로 익은말이 되었다. 여성의 이름에 '연꽃 연' 자는 또 얼마나 많이 쓰는가. 해서 연꽃은 새물내 나는 군자의 꽃이자 신분을 떠나 두루 사랑받는 꽃이 된다.

원나라 도자기에 등장한 여인은 조선 기생 부용도 아니고, 충선왕의 연인도 아니다. 그러나 연꽃의 눈부신 용모를 질투하는 마음, 연꽃이 시들어가는 것을 보며 순정이 식었다고 하소하는 마음은 시대가 바뀌어도 변하지 않는 여인의 속정이기도 하다.

입 다문 모란, 말하는 모란

한번 떠나간 잠이 다시 돌아오지 않는다. 하릴없이 문득 서가를 본다. 서가에 꽂힌 책들은 앵돌아앉았다. 집게손가락으로 책등을 죽 훑어나간다. 잠시 손이 멈춘 곳, 몸피 튼실한 책이 눈에 들어온다. 먼지 낀 종이상자를 벗기자 푸른 장옷을 걸친 옥골이 드러난다. 손가락 점고로 간택한 이 책이 오늘 내 무료한 밤의 심심풀이가 될까. 제목을 읽다가 뜨끔해진다. 하필이면 《격재집格齋集》이다. 모시 고르려다 삼베 얻은 격은 아니지만, 야밤의 환정을 도모하기에 버거운 상대다. 도리 없이 어른을 모시는 긴 밤이 될 판국이다.

격재 손조서는 세종 때 집현전 학사였다. 사육신의 옥사에 격분해 낙향했고, 한훤당 김굉필과 일두 정여창이 문하에 출입했다. 안동 일직 손문인데, 《격재집》은 딱 하나 남은 그의 문집이다.

1989년 후손들이 영인본으로 꾸몄고, 나는 지금 그 책을 들고 있다. 기록에 보면, 격재는 송나라의 《심경心經》을 강해한 《심경연의心經衍義》를 남겼다 하나 전하지 않는다. 퇴계보다 앞서 토를 달고 주를 매겼으니 가장 이른 시기에 《심경》의 중요성을 인지한 분이다. 《격재집》에는 송시宋詩 계열의 고답한 깨우침을 담은 시가 여러 편 실려 있다. 나는 자나 깨나 당시가 좋다. 그중에서도 아려한 기운이 서린 시들을 즐겨 음송한다. 마침 내가 밑줄을 쳐둔 격재의 시 한 편이 있어 읊조려본다. 제목은 「붉은 모란」이다.

> 바탕이 어여쁘니 누구든 사랑하겠지만
> 저 붉은색의 깊이를 어찌 알까
> 가지 가득 벌나비 날아들어도
> 꽃의 마음 얻었는지 알 수 없어라
>
> 素艶雖甚愛 那知紅色深 滿枝蜂蝶亂 未識合花心

당시의 운을 빌린 갱운시인데, 홍취가 제법 살아 있다. 이 시는 꽃과 벌나비의 관계를 주제로 삼았다. 속된 말로 '퀸카' 주변을 어슬렁거리는 '작업남'의 낭패감이 느껴진다. 모색과 자태가 고운 모란 같은 여인을 두고 벌나비 꾀듯 남정네가 몰려든다. 아리따운 모습은 쉬 사랑할 법하지만 모란의 깊고 붉은 마음까지 속속들이 간취하는 사람은 드물다. 사랑을 주기는 쉬워도 사랑을 얻기는 예나 지금이나 녹록지 않다는 말씀. 웅숭깊은 격재의 성리학적 사변을 떠올려보면 그가 이런 염시를 남긴 사실이 그저 놀랍다. 하기야 가을 서릿발 같은 선비라도 내밀한 연정이 없기야 하겠는가. 예나 지금이나 인지상정이다.

청춘은 실연을 두려워하지 않는다. 모란이 토라지면 장미가 반기니 말이다. 하지만 모란 하나에 죽어라 공들이는 노익장도 있으니, 애달프다. 세상사의 불공평함이여. 당나라에 나긋나긋한 시인, 유우석劉禹錫이 있다. 유우석이 모란에 바치는 상사곡은 비감하다. 눈물치레로 '합화심合花心'이라도 하면 좋으련만, 그의 종장은 끝내 한탄이다. 그가 지은 「술을 마시고 모란을 보다」는 이렇다.

오늘 꽃을 앞에 두고 마셨지

마음이 달콤해 취토록 잔 기울였네

서러울손 꽃이 말을 하더군

늙은 그대 위해 핀 게 아니랍니다

今日花前飮 甘心醉數杯 但愁花有語 不爲老人開

어머니는 나를 늘 '행 궂다'고 나무랐다. 행실이 궂다는 뜻이다. 유우석이 아니라 행 궂은 나라면 닭 모가지 비틀 듯이 모란을 비틀어버렸을 것이다. 유우석은 다르다. 소갈머리 없는 모란의 투정을, 그 박절함을, 듣고만 있을 따름이다. 하지만 그의 한숨은 통

곡보다 진하다. 늙으면 만사가 서럽다. 늙은이의 연정은 음심으로 치부하는 세상이다. 한갓 꽃마저 늙은이의 속정을 몰라주면 마침내 기댈 곳은 고향 선산밖에 없다. 유우석의 낭패가 남의 일 같지 않다. 조선시대 시인 이행은 '늙어가매 이별은 더욱 어려워라. 정이 끓어도 말은 더디 나오는구려[老去分袂重 情多出語遲]'라고 탄식했다. 그러니 노인들은 짝사랑에나 노닐 것이다. 이별수는 만들지 말란 이야기다. 냉혹한 안분지족이다. 세상에 겉절이들이 판치니 묵은 김치는 어딜 가도 외톨이다.

격재의 나머지 글들은 다 읽지 못했다. 늘 이 모양이다. 깨우치는 글은 어렵고, 속삭이는 글은 홀린다. 양약은 입에 쓰지만 졸음을 부르는 데 안성맞춤이다. 시 몇 편과 더불어 흔감해 한 것도 잠시, 난해한 전고들이 줄 잇는 대목에서 곧 눈꺼풀이 무거워진다. 격재 어른의 원손遠孫인 나는 슬며시 부끄럽다.

방 안에 꽃 들여 놓으시지요

일본의 역사 소설가 시바 료타로司馬遼太郎는 한국에 애독자가 많다. 메이지유신의 영웅을 그린 《료마가 간다》로 일본의 '국민작가'가 된 그는 조선 도공의 삶을 소재로 한 소설 《고향을 어찌 잊으리까》로 우리에게 낯익다. 내가 일하는 출판사에서 그의 한국 기행문 두 권을 낸 적도 있다. 책이란 신통해서 글이 마음에 들면 저자가 남 같지 않다. 본 적도 없는 그가 아는 이 같다. '시바 료타로'는 필명이다. '중국의 사마司馬천을 따라잡기에는 요遼원한 사람'이란 뜻이다. 이 역사 소설가다운 겸손도 마음에 든다.

일본에서 건너온 시바 료타로의 붓글씨 하나를 얻었다. 테두리를 대나무로 장식한 표구가 빼다 박은 일본 솜씨다. 시바의 육필은 호협한 그의 문장과 달리 단정했다. 거들먹거리는 대가의 유품이 아니라서 살가운 느낌이 들었다. 히라가나와 한자를 섞어 쓴 글씨는 또한 뜻이 묘했다. 우리말로 풀면 이렇다.

'돌아보면 다시 피어 있다. 꽃 삼천 부처 삼천.'

음절로 보니 하이쿠는 아니다. 글맛은 이슬 마신 듯하다. 싱겁지만 투명하다. 시바가 돌아본 과거는 온통 꽃길이었던가. 삼천 그루의 꽃이 어룽져 삼천불이라니, 그의 상념에 꽃멀미가 난다. 아득하니 아름다운가, 아름다우니 아득한가.

궁금증을 못 견디고 수소문해 보았다. 생전에 시바가 한 건축주의 주문을 받고 비석에 이 문구를 써주었는데, 그 비석은 현재 동오사카에 있는 시바 료타로 기념관으로 옮겨졌다고 한다. 내가 입수한 육필은 그 비문 글씨체와 다르다. 그는 이 문구를 여러 차례 썼던 모양이다. 무슨 마음을 먹고 이 글을 썼을까. 기념관에 문의하니, 돌아온 답이 기막혔다. '꽃을 바치는 글'이라는 것이다. 스스로 이름 붙이기를 '화공양문花供養文'이라고 했단다. 가까운 이들에게 이런 사연을 들려주었더니, 다들 탄성을 질렀다. 몽골에서 시바 료타로와 인사를 나눈 적이 있는 언론인은 그 인연을 들먹이며 "이 글 임자는 난데" 하면서 입맛을 다셨다.

시바 료타로의 공양문을 가슴에 묻어둔 어느 날, 나는 밀양에 있는 혜산서원에 내려갔다. 혜산서원은 내 문중의 선조 다섯 분을 받드는 곳이다. 깊은 가을 햇빛은 인색했고 서원의 팔작지붕은 궁색했다. 오래된 것들의 남루함은 그러나 떳떳한 결핍이다. 시절을 지켜낸 옛집은 가난이 자존과 썩 잘 어울린다. 열 채가 넘는 당우

들이 시름겨운 어깨를 맞대고, 가을 가뭄에 애타는 잡초는 부황기가 완연하다. 느긋한 걸음으로 뜰에서 서성거리는데, 오래된 연못이 눈에 들어왔다. 얕은 물에 부레옥잠이 혼곤히 잠겨 있었다. 연못가에서 넋을 놓고 서 있는 나를 보고 문중 어르신이 다가왔다. 그는 도포차림에 유건을 갖추었다.

어르신이 물었다. "이 연못이 무엇을 닮았는가?" 아닌 게 아니라 꾸밈새가 독특했다. 마치 '8' 자를 옆으로 누인 형상이다. 맨처음 연못을 조성할 때, 나비 모양을 본떴다고 그는 귀띔했다. 한 바퀴 돌아보니 날개를 활짝 편 나비다. 그러나 연못 어느 곳에 서서 봐도 나비의 날개가 한눈에 들어오지 않는다. 어르신은 날개를 숨긴 이유를 알려주었다. "나비는 아름다운 꽃을 찾아다니는 미물 아닌가. 옛어른들께서 아셨던 거지. 아름다운 것은 다 차지할 수 없다는 가르침을 이곳에 남겨둔 것이라고 들었네." 혜산서원에 모신 분으로 앞서 소개한 격재 손조서가 있다. 그는 「꽃나무를 보고 쓰다」란 시를 남겼다.

숲에 꽃들이 활짝 피니

온 가지에 나비 날아오네

나비야 탐내지 말거라

꽃이 너 때문에 핀 게 아니니

園林花漫爛 峽蝶滿枝來 汝蝶莫貪愛 花非爲爾開

날개를 숨긴 나비의 뜻이 이 시에도 들어 있다. 아름다움은 탐식할 수가 없다.

 시바 료타로의 붓글씨는 내게서 떠났다. 지금껏 나는 꽃의 마음을 모른다. 꽃이 부처가 되는 경지를 나는 감당 못한다. 꽃을 그저 풍경으로 여기는 산림처사 한 분에게 시바의 글을 공양했다. "방 안에 꽃 들여 놓으시지요"라며 휜소리를 했더니, 그는 "그냥 꽃다이 늙어갈게" 하며 받았다.

옷깃에 스친 인연

나는 '이병주'라는 고봉준령을 오를 수 없다. 까마득해서 주눅이 든다. 《소설 알렉산드리아》에 가기도, 《관부연락선》을 타기도, 《지리산》과 《산하》를 밟기도 힘이 부치고 《쥘부채》를 잡거나, 《행복어 사전》을 뒤지거나, 《그해 오월》을 기억하기도 깜냥이 안 된다. 포기가 마땅하거늘 용심을 부리는 것은 가녀리나마 선생과 얽힌 추억이 있어서다. 선생이 내 손에 쥐어준 몇 낱 안 되는 말과 글의 이삭을 만지작거리자니 옷깃만 스친 그 인연조차 새삼 느껍다.

1970년대 중반, 스물을 갓 넘긴 나에게 선생은 문호로 다가왔다. 초기작 몇 편을 읽었을 뿐인데 내 마음을 송두리째 빼앗겼다. 그것을 '섬광에 눈먼 자의 과장된 경념敬念'이라고 나무라지 말라. 문학을 사랑하는 친구들 사이에서 "이제 이병주를 읽은 사람과 안 읽은 사람으로 나누자"라는 말까지 나온 것에 비하면 내 존경은 사사롭다. 인간과 역사, 전쟁과 이념, 정치와 애정이 종횡하는 작품 속에서 나는 막막한 미아였다. 선생의 문학적 편력이 겹쳐진 《허망과 진실》을 접한 나는 덧없는 인생과 배운 자의 허무에 몸서리쳤다. 도스토예프스키와 니체, 정약용과 사마천 등의 내면을 탐사한 이 에세이는 선생의 삶과 사상이 빚은 결곡한 마음의 지형을 엿보게 한다. 선생은 서문에서 도스토예프스키의 문학은 '인생이란 결국 허망한 것'이라는 교훈을 가르쳐준다며 이는 니체도 루쉰도 마르크스도 같다고 지적한다. '허망을 배운 사람은 이미 지옥을 보아버린 사람이나 마찬가지다. 그 허망을 뚫고 찾아낸 진실만이 지옥을 견디어 살 수 있는 유일한 방편이란 인식이 굳어 있는 것이다.' 덧붙여 선생은 '허망하기에 진실이 아름답다는 것은 역설이 아니다'라고 했다.

　작가 조세희와 이문열이 《허망과 진실》을 읽고서 "도스토예프스키의 평전을 써볼 생각을 포기했다"는 토로가 풍문처럼 들려올 즈음, 나는 선생이 언급한 라스콜리니코프의 히포콘드리아우울증이 내 평생의 숙환이 될 거라는 예감에 젖었다. 선생의 저서는 전염성이 강했고 음영이 짙었다. 허망이 울증과 짝하며 나를 괴롭힐 때, 처방전을 쥐어준 분도 선생이다. 선생이 입버릇처럼 되뇐 '봉상스bon sens 있는 딜레탕트dilettante', 나는 그것을 '인생과 예술을 완미하는 양식인'으로 풀었다. 장강 같은 사유와 도저한 현학, 끝

간 데 모를 박람강기博覽强記로 내 덜미를 움켜잡은 선생의 행간에서 지금껏 꿈틀대는 구절은 '봉 상스 있는 딜레탕트' 하나다.

반독재 투쟁과 민주화 운동이 안간힘을 쓰던 70년대의 겨울공화국에서 '완미'라니, 이 무슨 한가로운 사치인가. 날선 필봉을 휘두르던 한 언론인은 선생의 책을 끼고 살던 나를 그렇게 나무랐다. 그는 선생의 '회색'을 꼬집었다. 좌와 우, 보수와 진보, 어느 진영에 서서도 독자를 설득해 내는 기막힌 변설 그리고 모든 추구를 도로에 그치게 하는 역사적 허무주의와 댄디한 망명의식은 현실의 고통과 모순을 희석하고 변혁에 동참하는 행위를 망설이게 한다는 것이 비판의 요지였다. 나는 "행복에 기여하지 않는 이데올로기가 무슨 쓸모인가"라고 말한 선생의 편에 서고 싶었고, 허망이 뼈에 저릴 때 그 좌절조차 완미하려는 한 인간의 내성耐性에 홀려 있었다. 그렇게 내 청춘은 흘러갔다.

1976년 지역의 문학 강연회에 초대한 인연으로 나는 용산 청과물시장 한 귀퉁이 건물에 거처하던 선생을 자주 찾았다. 잔심부름을 시키는 선생이 외려 고마웠다. 조도 낮은 집필실에서 삼 미터나 됨직한 책상에 수천 장의 원고지를 쌓아두고 몽블랑 만년필을 혹사하던 선생이, 마냥 기다리는 나를 보고 "자네도 한번 피워 보게" 하며 건넨 것이 소련제 담배였다. 러시아 어만 봐도 경기를 일으키던 시절, 이를 도대체 어디서 구했을까. 선생의 도처가 경이였다. 일제의 학병으로 끌려가 소주蘇州에서 군마軍馬와 지내다 걸린 동상 때문에 손가락을 자른 고통을 들으며 '8월의 사상'을 곱씹기도 했다. 레드 와인을 마신 후 멋들어진 붉은 콧수염을 쓰윽 문지르던 그 정경도 아슴아슴하다.

  선생은 《관부연락선》에서 운명적 정인으로 묘사한 서경애를 수소문해 보라며 한때 교직에 있었던 그녀의 본명을 귀띔해 주었다. 하지만 나는 덮었다. 언론인 남재희는 '도덕과 부도덕의 경계를 허무는 선생의 행보'를 반추했지만, 나는 드러내지 말아야 할 것을 드러내는 청으로 받아들였다. 나의 편애와 독단은 선생을 진혼하지 못할지언정, 미망과 착종 속에서 방황하는 젊음들아, 그대들은 이병주를 읽어라. 내 추억은 이제 달빛에 물든 신화가 되고 있지만 그대들은 햇빛에 바랜 역사를 마주할 것이다.

참 애석한 빈자리

오주석, 이분 참 애석하다. 그는 미술사학자로, 쉰 살을 못 넘기고 세상을 떠났다. 서울대학교 동양사학과를 나와 대학원에서 미술사를 전공한 그는 신문기자를 거쳐, 호암미술관, 국립중앙박물관 학예연구원 등을 지냈고 전통미술에 관한 저술과 강의를 병행하면서 열정적인 면모를 과시했다. 하지만 천수를 누리지 못하고 하직했으니 미술계로서는 안타깝기 짝이 없다. 그의 안목과 식견, 글솜씨는 남부럽지 않았다. 대표적 유저 《옛 그림 읽기의 즐거움》은 '좋은 그림을 오래 바라보는 사람의 행복'을 사무치도록 묘사했고, 이 땅에 태어난 화가들의 예술적 유전자를 떳떳하게 자랑한 역저다. 나는 《무량수전 배흘림기둥에 기대서서》의 저자인 최순우 선생 이후 오주석만큼 한국미를 곡진하게 설파하는 전도사를 만나기 어려웠다.

김홍도 | 〈씨름〉 | 18세기 | 국립중앙박물관 소장

그가 쓴 또 다른 저서 《오주석의 한국의 미 특강》은 이름값을 한다. 그의 강연을 정리한 이 책은 전통회화의 아름다움이 갈피마다 차고 넘친다. 뱀뱀이 널찍한 저자의 미덕이 좋은 글감을 만난 까닭인지 행간 깊숙이 자신감이 배어 있다. 우선 글이 수월하고 편안하다. 입말을 그대로 옮긴 책이라 독선생을 마주한 듯 가르침이 귀에 쏙쏙 들어온다. 작품 하나를 놓고 분석은 치밀하되 설명은 친절하다. 저자는 옛 그림 감상자에게 딱 한마디 말을 명심하라고 청한다. '마음이 실리지 않으면[心不在焉] 보되 보이는 것이 없고[視而不見] 듣되 들리는 것이 없다[聽而不聞]'는 것. 그는 "보고 들을 때는 옛사람의 눈과 귀를 빌리고, 느낄 때는 옛사람의 머리와 마음을 얻어라"고 독자에게 다짐받는다.

어떤 예술도 간과하는 자의 눈에는 무덤덤할 수밖에 없다. 참말이지 사랑해야 보게 된다. 서두르지 않아야 들어온다. 저자는 단원 김홍도의 《풍속도첩風俗圖帖》을 보여주며 어중치기 감상자를 꾸짖는다. 저 유명한 〈씨름〉에서 씨름꾼이 어느 쪽으로 자빠지는지, 다음 판에 나설 후보 선수가 누구인지, 등장인물 스물두 명의 표정과 행색을 꼼꼼히 뜯어보지 않고는 알 수가 없다. 단원이 왜 그림 속에 손이나 발 모양을 엉터리로 그려놓았는지, 그 이유는커녕 잘못조차 발견하지 못하는 얼치기 구경꾼이 수두룩하다. 단원의 '잘못'을 저자는 당시 그림 수요자인 서민을 위한 장난스런 배려이거나 우뇌가 발달한 화가의 실수라며 재미난 진단을 덧붙이

김홍도 | 〈마상청앵도〉
18세기 | 간송미술관 소장

지만, 공부 많이 한 사람보다 여유를 가진 사람이 그림에서 꼭 보아야 할 것을 본다는 점을 유독 강조한다. 그 여유는 시간을 거슬러 당대의 풍속에 푹 젖고 싶은 자의 속정에 다름 아닐 터이다.

저자는 독자의 호기심을 위해 책 곳곳에 해학과 궁금증을 심어놓는다. 단원의 〈마상청앵도馬上聽鶯圖〉에서 시종은 '롱다리'인데 선비는 '숏다리'로 표현한 연유는 이 책을 읽어야 안다. 바위 곁에서 나비를 바라보는 고양이와 패랭이꽃, 제비꽃 등을 그린 작고 귀여운 그림 〈황묘농접도黃猫弄蝶圖〉가 왜 '생신을 맞은 주인이 여든 노인이 되도록 청춘처럼 곱게 장수하고 하는 일 뜻대로 이루어지길 빈다'는 길고 긴 해설을 낳는지, 이 책을 보지 않고는 모른다. 그렇다고 흥미로운 읽을거리만 좇는 책도 아니다. 〈이재초상李縡肖像〉으로 알려진 그림이 기실 손자 이채의 늙은 시절 초상화임을 밝혀나가는 대목에서는 저자의 끈질긴 탐구욕이 감탄스럽다. 선인의 사유체계를 알아야 온전히 그림을 감상할 수 있다며 음양오행을 풀어주고, 정선의 〈금강전도金剛全圖〉를 태극의 구도로 설명하는 저자의 속내는 옛 그림에 어설프게 미친 자는 미칠 수 없는 성심의 경지다. 그리하여 이 책을 읽은 독자는 책을 덮을 때 오주석의 빈자리가 쓸쓸해질지도 모른다.

부드럽고 구수하고 어리석고 아름다운

　루이 암스트롱은 "재즈를 모르는 자에게 재즈의 맛을 알려주기는 어렵다"고 했다. 이태백은 "술 취해 얻는 정취는 깨어 있는 자에게 전할 수 없다"고 읊었다. 김 추사는 "난초 그림의 기이한 법식은 아는 자만 안다"고 단언했다. 그렇다. 모르는 자는 모르고 아는 자는 아는 경지가 있는 법이다. 어디 재즈와 술과 난초뿐이랴. 글맛이 왜 좋은지를 설명하는 일 역시 녹록지 않다. 이를테면 이런 글의 맛.

　"댁에 매화가 구름같이 피었더군요. 가난한 살림도 때로는 운치가 있는 것입니다. 그 수묵 빛깔로 퇴색해버린 장지 도배에 스며드는 묵흔처럼 어렴풋이 한두 개씩 살이 나타나는 완자창 위로 어쩌면 그렇게도 소담스런, 희멀건 꽃송이들이 소복한 부인네처럼 그렇게도 고요하게 필 수가 있습니까."

단문으로 된 앞 두 문장과 달리 제법 긴 끝 문장은 읽는 자의 호흡에 얹혀 참으로 리듬감 있게 굽이친다. 이 글의 맛은 수사에서 오는 것도, 메시지의 정겨움에서 오는 것도 아니다. 이미지를 리듬에 실을 줄 아는 너름새에서 오는 것이로되, 들숨날숨 가쁘게 오가는 단문과 불문곡직의 비문에 익숙한 젊은이들의 식미와는 거리가 먼 글이다. 유장과 만연의 곱씹는 맛은 이제 아는 자만 아는 특미가 되어버렸다.

저 문장을 쓴 이가 누구인고 하니, 근원 김용준이다. 그의 글은 이렇게 이어진다.

"실례의 말씀이오나 하도 오래간만에 우리 저녁이나 하자고 청하신 선생의 말씀에 서슴지 않고 응한 것도 실은 선생을 대한다는 기쁨보다는 댁에 매화가 성개盛開하였다는 소식을 들은 때문이요, 십 리나 되는 비탈길을 얼음 빙판에 코방아를 찧어가며 그 초라한 선생의 서재를 황혼 가까이 찾아갔다는 이유도 댁의 매화를 달과 함께 보려 함이었습니다."

소복한 여인네의 성긴 그림자는 매화일 시 분명한데 달빛 아래 핀 그 자태를 보고자 가쁜 숨 몰아쉬며 길 떠난 근원의 정황은 이 같은 진양조의 문장이 아니고서야 형용이 가당키나 하겠는가. 그럼 근원의 본색은 글쟁이인가. 그는 그림쟁이로 자처했지 문사로 행세할 염이 한 치도 없었다. 하지만 후학들은 서울대학교 미대 초대학장을 지냈고, 한국전쟁 때 월북한 동양화가인 그를 미술평론가로, 미술사가로, 수필가로 떠받들며 글과 얽힌 인연에서 떼어놓지 않는다. 근원은 아닌 게 아니라 그림에서 과작寡作이었고 글에서 과작過作이었다. 넘치는 글솜씨가 그 덕에 남아 사후 삼십여 년 만에 다섯 권의 책으로 묶였으니, 그것이 《근원 김용준 전집》이다. 이 전집은 근원이 본색을 넘어 천생의 글쟁이임을 증언한다.

전집의 백미는 《새 근원수필》이란 제목이 붙은 제일 첫 권이다. 나머지 네 권은 주로 논문 형식이라 비교가 마뜩치 않다. 그러함에도 《새 근원수필》을 으뜸으로 치는 까닭은 도리없는 나의 익애에 근거한다. 같은 미술사학자라도 우현 고유섭은 필드워크를 중시한 과학에 빚을 져 행간을 건조하게 몰고가는 글을 썼고, 혜곡 최순우는 고질병에 가까운 '우리 것 사랑'에 빠져 가끔 혼몽한 나르시시즘을 드러내기도 한다. 근원은 어떠한가. 그의 글은 그의 그림과 빼다박았다. 간소한 붓질로 대상의 정채精彩를 잡아내는 감필과 오로지 거속去俗이 목표인 문인화의 과묵한 용필 등이 그의 수필에 더도 덜도 없이 구현된다.

전집의 두 번째 권인 《조선미술대요》에서 그는 우리 민족의 미술을 '부드럽고 구수하고 어리석고 아름답다'고 추량한 바 있는데, 이 말은 그의 글에도 적실한 표현이다. 이때의 '어리석음'은 대교약졸大巧若拙의 졸렬과 통한다. 무엇보다 나는 근원의 호고 취미에 바탕을 둔 옛날투의 한문 문장에서 눈이 먼다. 친구인 수화 김환기에게 정든 집을 넘긴 뒤 헛헛한 마음을 달래가며 쓴 글 「육

장후기」는 자행간字行間에 툭툭 끼어드는 한문투가 불편하면서도 글쓴이의 회한을 천연스레 감추는 조사법措辭法으로 그만한 기교가 드물 것이란 인상을 안긴다. 함께 실린 「두꺼비 연적을 산 이야기」나 「화가와 괴벽」 등은 해학과 농담을 페이소스로 버무릴 줄 아는 그의 장기가 생생하다. 과장하건대 근원의 글쓰기를 '복원 불가능한 문화재적 유미幽美'라고 부르고 싶을 정도다.

《새 근원수필》의 문재가 어디 가겠는가. 전집의 나머지 글도 형식은 논문이되 문체의 곰삭은 맛이 독자의 흥을 불러일으킨다. 《조선미술대요》는 중학생 수준에 맞게끔 일찌감치 독자의 눈높이를 낮추었다. 본격 미술사라기보다 우리 미술의 아름다움을 밝히는 해설서에 가깝다. 삼국시대 미술의 특징을 짚어내는 그의 형안은 지금껏 회자된다. 그는 웅혼하고 씩씩하고 크고 거친 고구려 미술과 장엄하고 건강하며 조화롭고 부드러운 신라 미술, 세련되고 정교하고 아윤하고 유려한 백제 미술 등을 직감적으로 나눌 줄 알았다. 특히 고려 미술을 '멀리 놓고서 바라다보고 싶기보다 손에 들고 어루만져보고 싶은 맛'으로 기술한 부분에서는 그의 곰살맞은 눈매에 무릎을 칠 정도다.

셋째 권 《조선시대 회화와 화가들》에 부록으로 실린 「조선화의 기법」은 자신의 학습과정을 토대로 우리 그림의 재료와 운필, 묘사, 사생, 채색 등에 대해 존조리 설명한다.

넷째 권 《고구려 고분벽화 연구》는 월북 이후의 연구성과를 집

대성한 것으로, 이 분야의 모본으로 손색없다는 것이 학계의 중론이다. 안악삼호분에 그려진 인물의 정체를 밝히는 대목은 후학이 본받을 만하다. 조목조목 파고들어가는 학자의 궁구심이 내내 감탄스럽다.

다섯째 권 《민족미술론》은 신문, 잡지, 학술지 등에 실린 미술론과 평론 등을 모았고 근원의 회화작품과 도서장정용 작품도 실려 있다.

전집을 낸 출판사는 《근원전집 이후의 근원》이란 책도 잇달아 펴냈다. 새로 발굴한 근원의 산문과 회화작품을 모은 일종의 보유판補遺版이다. 근원의 수필은 까무룩하게 멀어진 전 시대의 추억과 향수를 눈앞에 불러모은다. 근원 읽기는 맹목적인 의고 취향에 머물지 않고 세월에 묻힌 참가치를 오늘 다시 그루갈이하는 일이기도 하다.

동풍에 쫓기는 배꽃 만 조각

그림을 그릴 때도 지나침은 모자람만 못하다. 매화 그림은 '일지一枝의 매梅'가 으뜸이다. 고고한 기품은 한 가닥의 매화로 족하다. 양주팔괴揚州八怪의 일원인 화가 이방응李方膺은 매화 그림에 이런 시를 붙였다.

눈에 들기는 어지러운 천만 떨기
마음에 남기는 단지 두세 가지
觸目橫斜千萬朶 賞心只有兩三枝

그런가 하면 남송의 마린馬麟은 엄청 큰 화면에 매화를 그렸다. 그것도 오른쪽 구석에 딱 두 가닥의 백매를 그렸을 뿐, 나머지는 다 비웠다. 일물다의一物多義는 동양화의 오랜 법식이다. 또한 너무 자세하면 본디 꼴을 놓친다.

옛사람들의 절제된 미의식은 감탄스럽다. 이를테면 이런 글. '산수를 보면서 그 흥취를 반쯤은 남겨둔다. 미인을 볼 때도 그렇다. 달빛 아래 주렴 사이로 본다.' 요는 아쉬운 모자람에 자신의 마음을 즐거이 기탁하는 것일 터인데, 만화방창의 넉넉함보다 '가녀린 가지 끝에 붉은 점 하나, 마음을 흔드는 춘색은 많을 까닭이 없겠지[嫩綠枝頭紅一點 動人春色不須多]'라는 구절과 딱 맞아떨어진다. 어디 미의식만 그럴 것인가. 사람살이도 다르지 않다. 지나치면 난잡해지고, 넘치면 문란해진다.

모처럼, 참으로 지나치고 넘친 책을 읽었다. 패션잡지의 여기자인 김경이 쓴 《뷰티풀 몬스터》라는 책인데, '심하다, 과하다'는 말을 읽는 내내 중얼거렸다. 이 책은 한마디로 '세속도시의 인정물태'를 야잡野雜스러운 방식으로 그린 벽화다. 우리의 살이가 일지매처럼 향내 날 리가 없다 해도 굳이 삶터의 악취에 코 박을 위악자는 드문 것 아닌가. 김경이 그려낸 벽화에는 거리의 지린 토사물과 구린 분뇨 들이 아무렇지도 않게, 때론 뻔뻔하게 낭자하다. 향내를 애써 치지도외한 것은 아닐진대 위선과 위악과 권태와 황음과 허영만이 도드라져 보이는 것은 무슨 까닭일까. 매화의 옛 등걸처럼 삶의 터전이 노추와 남루로 점철될지언정 왜 우리는 돌아보면 봄바람에 날리는 매화꽃이 될 수 없단 말인가.

김경은 첫 꼭지 글에서 토로한다. '세상의 모든 불행은 단 하나의 이유, 방 안에서 조용히 휴식할 줄 모르는 데서 온다.' 파스칼의 이 말을 포스트잇에 큼지막하게 써서 침실에 붙여놓고 내린 그의 결심이 '나도 이제 그만 싸돌아다니고 싶다'다. 그런데 그 뒤에 나오는 모든 꼭지의 글이 하나같이 '싸돌아다닌 보고서'이다. 그는 도시와 패션과 여자와 남자의 꽁꽁 사유화된 밀실을 헤집거나 까발리며 다녔다. 그가 그린 벽화는 핑거 페인팅이 아니라 풋 페인팅인 셈이다. 어지러운 발자국 사이에 화장 지운 도시의 맨얼굴, 나신을 꿈꾸는 이 시대의 패션 감각, 내숭 없는 암컷, 거푸집 속의 수컷 들이 여지없이 나뒹군다.

  타인의 빗장을 무례하게 열어젖힌 김경은 자신의 자물쇠도 따고 들어간다. 남자와 밤을 함께 지내고자 작정한 여자가 느닷없이 "다음 날로 미루자"고 했을 때, 김경은 '아마 그 여자가 팬티와 브라의 컬러가 맞지 않은 짝짝이 속옷을 입었을 것'이라고 추단한다. '아무리 급해도 검정 브라에 미키마우스가 그려진 분홍 팬티 차림으로는 곤란'하단다. 그래놓고 김경은 남자와 여행을 가기로 한 날, 친구가 홍콩에서 공수해 온 캘빈클라인 러닝셔츠와 팬티를 건네받았다고 자복한다. 어찌 이리 심하고 과한가. 그는 능청스레 답한다. '멋진 속옷은 자신만의 훌륭한 비밀이 될 수 있기 때문이다. 마치 봄에 심을 나팔꽃 꽃씨를 가을에 미리 사두는 것처럼……'

  남자의 속내도 그 앞에서는 '꼼짝 마라'다. 그는 '고도로 문명

화된 사회에서 드물게 만나는 야성적인 남자들이 나는 좋다. 충분히 배우고 익혔지만 이성이나 교양만으로는 제 몸을 지배할 수 없는 남자들 말이다. 그들에게는 수컷으로서의 매력이 있다'는 말로 '난봉의 효용성'을 은근슬쩍 편든다. 그러나 '중계방송을 보며…… 이종격투기를 보며 두 주먹을 불끈 쥐고 있는 남자들 중에 진짜 수컷이 몇이나 되는지 나로서는 의심스럽기 짝이 없다'며 아퀴를 짓는 대목에선 '소심한 텔레 보이tele-boy'를 위축시킨다. 속옷에 대한 발칙한 추론을 펴면서도 그는 이미 눈치 채고 있었다. 남자들은 여자가 블랙 티T팬티를 입었건 아줌마 빤스를 입었건 그저 소기의 목적만 달성하면 그만인 동물이라고. 이 도시에는 풍문이 나돈다. 나도 들었는데, 그것은 남자가 여자에게 바라는 것이 '뷰티beauty'가 아니라 '노블티novelty'란다.

심하고 과한 것이 통쾌하고 적실한 것으로 넘어가는 대목도 눈에 띈다. 바로 어느 여성 정치인을 위한 패션 제안이다. 김경은 비호감을 시니컬하고 맵짜하게 요리하는 데 특출한 솜씨를 보인다. 이 글은 인용하는 순간 휘발할 것 같아 소개하지 않겠다. 직접 읽어보라고 권한다. 그래도 고명만 살짝 건져내서 입맛을 보여준다면, 이 여성 정치인에게 프라다나 질 샌더 브랜드를 제안하는 부분이 백미다. 디자이너 미우치아 프라다가 한때 열성 공산당원이었으니 색깔론을 들고 나올 요량이면 자칫 제 도끼에 발등 찍히는 꼴이 될지 모른다며 고양이 쥐 생각해 주는 듯한 김경의 넉살은 홍소가 절로 터진다.

《뷰티풀 몬스터》는 과다한 텍스트다. 차고 넘치고 난잡하고 문란해서 책표지조차 빨갛다. 불온한 유혹과 희한한 이문異聞이 그득하다. 그러나 이 책은 반양장으로 제본되어 있다. 벗겨보니 속표지는 파랗다. 다행이다. 마음을 고쳐먹고 따져본다. 경조부박한 세속도시를 싸돌아다니며 견문한 패관잡기라면 차고 넘쳐야 마땅하지 않을까. 김경은 동시대의 패관으로서 그 직분을 다했다. 현재 심사정이나 추사 김정희의 절제와 여백의 매화도보다 글쓴이는 어쩌면 히로시게가 그린 채색목판화 속 매화도를 선호한 것이 아닐까. 부유하는 세상사의 풍속으로 우키요에는 시대를 기록했다.

김경은 '설사 가짜라고 하더라도 예술가들의 그럴듯한 포즈를 사랑한다'고 말한다. 전혜린을 두고 '전쟁이 끝난 빈곤과 폐허의 시대에 트렌치코트 깃을 올려 세우고 자유의 분위기를 발산하면서, 명동에 나와 술을 마셨던 그 코케티쉬한 실존주의적 포즈만으로 예술가로 대접받기에 충분했다'고 썼다. 그래서 '뷰티풀 몬스터'인가. 아하, 보인다. 해지는 봄날의 강변, 배꽃 만 조각이 동풍에 쫓기는구나!

살아도 산 목숨이 아니었구나

　김훈의《남한산성》은 병자호란이 부른 아비지옥과 규환지옥을 보여준다. 살점을 파고드는 추위와 간장을 끊어내는 참언이 뒤섞여 남한산성의 사십칠 일은 현생의 지옥도와 다름없다. 그러나 병자호란의 참상은 청나라에 투항하는 장면으로 끝나지 않는다. 더한 치욕은 삼전도비 수립竪立의 날을 기다려야 했다. 이 '대청황제공덕비'에 연루된 비운의 주인공은《남한산성》에 등장하지 않는다. 출성이 소설의 종장이다.
　삼전도비에 얽혀든 인물은 '오준'이다. 그는 비문 글씨를 썼다. 김훈은《남한산성》이 발간된 뒤《남한산성, 또 하나의 이야기》라는 해설집을 냈다. 이 책에서 김훈은 오준의 됨됨이를 언급한다. 오준은 당대의 명필로 꼽힌다. 병자호란 뒤에 외교사절로 여러 번 심양에 다녀왔다. 왕희지체에 속하는 단아한 필체를 구사했으며 수많은 비석의 글씨를 후세에 남겼다. 충남 아산에 있는 충무공 이순신비의 글씨를 썼고, 삼전도비석의 글씨도 썼다.《근역서화징 權域書畵徵》에는 '오준이 글씨를 잘 쓰고 문장에도 능해서 삼전도비의 글씨를 썼으나 그로 인해 한을 품고 죽었다'라고 적혀 있다.

오준은 인조와 효종 대를 통틀어 최고의 명필이다. 병자호란 이후 한성부판윤과 예조판서를 지낸 그는 삼전도비문을 씀으로써 비운의 문사가 된다. 비문의 글을 지은 이경석과 글씨를 쓴 오준은 삼전도비 수립에 참여한 악연으로 평생 공박에 시달렸다. 《남한산성》에서 오준의 이야기는 빠졌다. 하지만 소설을 꼼꼼히 읽은 독자는 삼전도비에 관한 단초를 발견했을지 모른다. 잠시 소설을 돌이켜보라. 이름을 밝히지 않은 정오품 교리와 정랑, 정육품 수찬 등이 최명길과 함께 인조의 침소에 불려온 장면이 나온다. 인조는 그들에게 칸에게 보낼 답서를 쓰라고 명한다. 최명길을 제외한 세 명의 당하관들은 청천벽력 같은 명을 받고 전전반측한다. 이 대목이 삼전도비와 관계가 있다.

김훈은 당하관 세 명의 고민을 형상화하면서 삼전도비문을 지을 뒷날의 상황을 교묘히 끌어온다. 실록에 보면, 비문을 쓰게 된 조선 조정의 굴욕이 자세하다. 이경석, 장유, 조희일, 이경전 등이 비문을 지을 인물로 지목되었는데, 이경전은 병을 핑계로 모면하고 조희일은 일부러 조잡한 글을 올렸다. 인조는 장유와 이경석의 글을 청나라에 보내 심사를 받았고, 청은 자구를 고치라는 훈수를

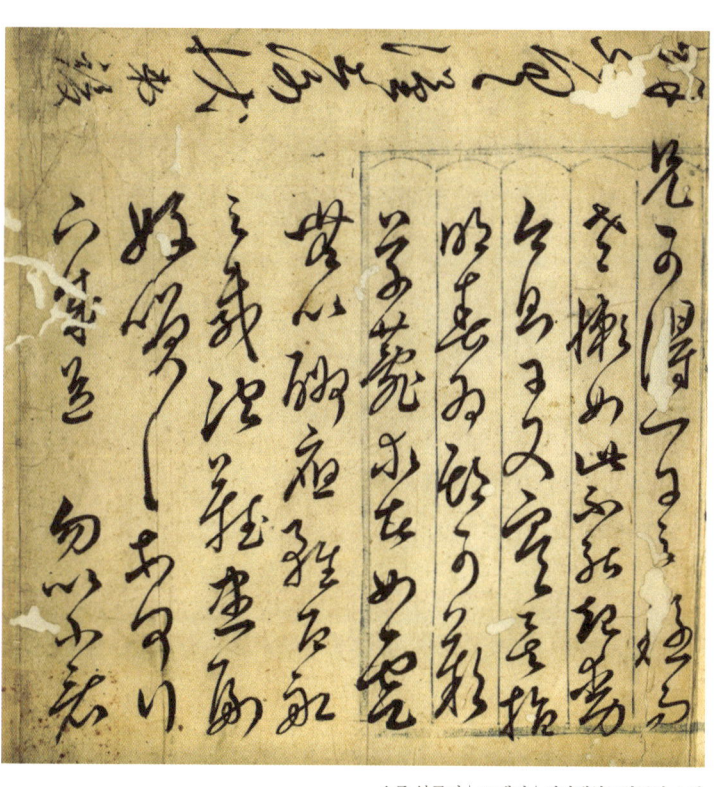

오준 붓글씨 | 17세기 | 경남대학교박물관 소장

단 채 이경석의 글을 낙점한다. 이들의 좌고우면하는 처지가 《남한산성》에서 답서 쓰는 장면으로 바뀌어 있다.

　이경석은 자신의 글이 간택되자 '글공부를 한 것이 천추의 한이로구나' 하며 울부짖었다. 오준은 어떠했는가. 그는 비문에 새길 글씨를 쓰고 나서 한강에 나가 돌로 자신의 오른손을 찧었다는 야사를 남긴다. 흥미롭게도 이 이야기는 다른 소설에도 나온다. 언론인 출신 김용우의 중편 《비명》은 광주항쟁의 잔영과 삼전도비의 비극을 교차 편집한 소설로 이경석과 오준의 절망이 그려져 있다. 글 배운 자의 운명이 이토록 얄궂고 처절하다.

　한석봉은 송설체를 쓰다가 왕희지체로 옮긴 전력이 있다. 왕희지를 닮고자 한 오준은 석봉체를 따른다. 오준의 간찰은 노련한 초서체다. 윗사람의 편지를 받고 답을 한 내용인데 좀이 슨 시전지가 오히려 예닯다. 윗사람이 초완草薍을 보내라고 했던 모양이다. 초완은 돗자리나 발을 짜는 데 쓰는 풀이다. '병이 날로 깊어갑니다. 늙고 게을러 기동조차 못합니다. 초완을 구하려는 사람은 구름 같은데, 백 척의 배에 싣고 와도 다 들어줄 수 없습니다.' 대충 이런 내용이다. 쓱쓱 써내려간 글씨지만 자획의 변화가 공교롭다. 골기가 살아 있으면서 유려한 필체다. 속도감이 넘치고 거침없는 운필이 돋보인다.

　오준의 인생살이를 좀 더 캐보면 어찌 이토록 기구한가 하는 생각이 든다. 오준이 충무공의 비문을 쓴 것은 이미 김훈이 말했다. 성웅을 기리는 비문이라 최고의 서예가가 쓰는 것이 마땅했다. 그랬던 그가 '대청황제공덕비'를 썼다. 오랑캐의 공덕을 정성스레 써야 했던 오준의 심사는 되묻는 게 잔인하다. 돌로 손을 짓찧었다는 후일담이 거짓이 아닐 성싶다. 그것이 끝이었다면 다행이다. 그는 억장이 무너지는 일을 거푸 당한다. 사연은 이렇다. 일본의 에도막부 시대를 연 도쿠가와 이에야스德川家康의 사당이 닛코日光 산 도쇼東照 궁에 남아 있다. 1642년 일본이 조선에 요청하기를, 사당에 비치할 편액과 시문과 종을 보내라고 했다. 이 종의 명문을 또 오준이 맡았다. 일본은 사신을 통해 예를 갖추었지만 속내는 오만했다. 명문 내용에 간섭하는 무례를 저질렀고, 도쿠가와의 업적을 칭송하는 글 또한 조선의 자존심을 긁었다.

도쿠가와의 손자인 이에미스가 죽자 일본은 닛코 산에 대유원 묘大猷院廟를 만들어 그를 안치한 후 다시 조선 조정에 손을 벌렸다. 이번에는 등롱燈籠을 요구했다. 거기에 또 단서가 붙었다. 즉 '대유원'을 쓸 때 글자 하나를 높여서 써달라고 했다. 문장에서 줄을 바꾸어 한 자를 높여 쓰거나 떼어서 쓸 때는 그 대상을 존경하는 뜻이 담긴다. 일본은 자국이 존경하는 인물을 조선도 존경해야 한다며 패륜을 자행했다. 이 등롱의 명문 역시 오준이 썼다. 그저 기구하다는 말로 오준의 삶을 요약하기에는 미진하다. 조선의 영웅을 떠받든 붓으로 오랑캐의 수괴를 찬양하고 왜국의 장수와 그의 손자까지 칭송하고 나섰으니 붓이 천 자루면 무엇 할 것이며,

문자 속이 깊은들 그의 포한抱恨에 닿을까. 살아도 산 목숨이 아니란 말은 이럴 때 쓰나보다.

잊혀진 화가, 잊을 수 없는 사람

　여름날 과수원에서 금방 따온 듯한 검자줏빛 포도송이가 막사발에 담겨 있다. 황톳빛 막사발은 못생겨서 정겹다. 아가리는 이지러지고 굽은 뭉툭하다. 시골 인심처럼 무던한 그릇이다. 기우뚱한 막사발을 감싸고 있는 붉은색 배경은 손때 묻은 담장마냥 따사롭다. 자그마한 정물화에 불과하지만 사람 사는 동네의 푸근한 훈기가 감칠맛 나는 그림이다. 그림을 보면 화가의 심성이 떠오르기 마련이다. 이처럼 미덥고 사랑스러운 그림은 어떤 화가가 그렸을까.

　〈포도〉를 그린 최재덕은 잊힌 화가다. 그러나 그는 잊힐 수 없는 화가였다. 경남 산청의 지주 집안에서 태어나 일제 치하 도쿄에서 미술을 공부한 그는 이중섭의 단짝이었다. 해방 직후 이중섭과 함께 미도파백화점 지하의 벽화를 그렸다. 최재덕이 제안해

최재덕 | 〈포도〉 | 1950년 이전 | 개인 소장

이중섭은 복숭아나무에 아이들이 주렁주렁 매달린 벽화의 밑그림을 그렸다. 최재덕은 제1회 국전에서 추천작가로 꽃다운 이름을 떨쳤다. 그는 해방 정국의 혼란 속에서 좌파미술그룹에 가담했고 한국전쟁이 터지자 월북했다. 이북 출신인 이중섭은 내려왔는데 이남 출신인 최재덕은 올라갔다. 이를 두고 그들과 친했던 화가 박고석은 "이중섭이 남으로 왔고, 최재덕이 북으로 갔으니 비겼다"고 했다. 최재덕의 위상을 알게 해주는 증언이다.

  그는 그림을 억지로 꾸미지 않았다. 소박하고 천진한 그의 화면은 보는 사람을 미소 짓게 한다. 동심과 향수를 자아내는 그의 풍경화는 정감이 흐른다. 그를 잘 아는 화가 김병기는 "어수룩하면서 두툼한 그림이 피에르 보나르Pierre Bonnard를 닮았다"고 회고한다. 보나르는 졸박하고 조촐한 색채와 형태로 작업한 프랑스 화가다. 최재덕은 문학인과 자주 어울렸다. 「목마와 숙녀」를 쓴 시인 박인환은 '마리서사'라는 책방을 운영했는데, 이 책방의 단골손님이 최재덕이었다. 시인으로 그림도 잘 그렸던 조병화는 그와 특별한 교분을 쌓았다. 이런 일화가 있다. 두 사람이 술을 마시고 한방에서 잠을 자다 최재덕이 한숨을 쉬었다. 조병화가 까닭을 묻자 최재덕은 돈이 한 푼도 없다며 걱정했다. 이튿날 최재덕이 일어나보니 요 밑에 봉투가 있었다. 조병화가 봉투째 두고 간 월급이었다. 뒷날 화가는 시인에게 라일락을 그려주었다. 가난한 시절의 인정이 이토록 슬겁다.

최재덕의 그림은 많지 않다. 〈포도〉는 한 시절 시인 김광균이 소장한 작품이다. 시인들과 교유했고 시심이 넘치는 그였기에 시인은 그의 그림을 사랑했다. 그는 북한에서 체제 선전용 그림을 그렸다. 분단의 우울한 그림자는 그를 비켜가지 않았다. 하지만 이념이 인간의 속깊은 심성까지 빼앗으랴. 〈포도〉의 오른쪽 아래 서명을 보라. '최재덕'이란 한글 석자를 교묘히 뜯어 붙여 황소 그림 하나를 그려놓았다. 그의 순박성이 이와 같다.

〈포도〉의 황소 그림 서명

붓에게 띄우는 오래된 사랑가

　해 바뀌면서 '이것 참 대단하구나' 싶은 귀한 책을 얻었다. 세 권이 한 질로 구성된 이 서권은 부피가 두툼하거니와 제목이 고풍스러워 읽기도 전에 겨울날 화톳불 곁에 앉은 느낌을 준다. 제목은 《한국문방제우시문보》이고, 편저자는 서예가이자 문인화가로 한묵翰墨의 장에서 탐구력이 왕성하기로 소문난 일사 구자무 선생이다.

　국전 연2회 특선을 기록하고 원곡서예상을 받은 일사 선생은 대한민국서예대전 심사위원을 역임하는 등 방함이 익히 알려진 분이다. 문인화의 맥을 올바르게 잇고자 애쓰는 몇 안 되는 작가이기도 하다. 그의 문인화는 때에 전 습기에 머무르지 않을 뿐더러 시대의 정신을 곧추 세우려는 비판적 시각이 돋보인다. 때로는 고담한수枯淡寒瘦의 공교로운 붓놀림으로, 때로는 갓맑은 정취를 구사하는 새뜻한 화면으로 눈 밝은 이의 감탄을 자아낸다. 무엇보다 그는 전고典故의 중요성을 알고 그것을 진지하게 상고하는 자세로 정평이 나 있다.

《한국문방제우시문보》를 펼쳐보면 흡사 오래된 한지에서 풍기는 습습한 내음과 희부윰한 기색이 피어나오는 듯하다. 물론 장롱 속에 처박아둔 고서묶음은 아니다. 말쑥하게 장정된 이 책에서 오히려 고취古臭가 먼저 다가옴은 잊힌 옛글들이 깨알처럼 모여 있기 때문이다. 한마디로 한자가 전래된 이후 우리 땅에서 노래한 문방구 예찬을 죄다 수집한 것이라 보면 맞다. 원본을 그대로 영인한 까닭에 한문을 모르는 세대는 어리둥절할 수밖에 없겠지만, 멸실 위기에 놓인 일차적인 자료들이나마 알차게 꾸려보겠다는 편저자의 속 깊은 충정이 책갈피마다 그득하다.

책에 등장하는 문인, 학자, 정치가 등은 모두 합쳐 이백팔십칠 명이다. 별스럽지도 않은 문방구에 무슨 애틋한 정이 있다고 이토록 많은 이가 글을 짓고 남겼을까 하는 의문은 책장을 넘기면서 싹 가신다. 일상의 기물도 손때 묻은 세월이 길어지면 여상한 소재를 넘어선다. 그것에 추억이 쌓이고 사연이 덧붙는다. 그때의 문방구는 무심한 물상이 아니라, 남들 모르게 아낌을 받는 정인처럼 다가온다.

등장인물의 면면을 보자. 신라시대 최치원이 맨 앞머리에 앉아 있고 그 뒤로 고려의 이규보, 이제현, 조선의 강희안, 서거정, 김

종직, 김시습, 이언적, 이황, 김인후, 송익필, 허균, 윤선도, 박지원, 정약용, 김정희 등 내로라하는 거봉들이 연맥을 이룬다. 근대 인물로는 오세창, 정인보, 현대 인물로는 이가원 등이 본문을 장식한다. 마치 사서에서 일부러 골라낸 듯 쟁쟁한 명사들이 생애에 단 한 수일망정 '문방 연가戀歌'를 남겼다는 점에서 거기에 담긴 자정을 짐작하고도 남는다. 이들이 읊은 시문의 형식도 가지가지다. 시詩, 가歌, 송頌, 잠箴, 명銘이 있는가 하면, 찬讚과 부賦가 있다. 제법 호흡이 긴 발跋과 전傳도 섞여 있다. 편수는 놀랍게도 천오백이십이 편이다.

  현대를 흔히 컴퓨터 만능시대라고 한다. 산더미 같은 분량의 기록이나 자료의 보관기능을 군소리 없이 해결하는 게 요즘의 인터넷 세상이다. 사무실마다 '필기구 추방'을 목청껏 외쳐대다 보니 연필이나 볼펜은 하루아침에 퇴물 신세로 전락할 지경이다. 하물며 붓이나 벼루, 먹 따위 선인들의 문방구는 아예 기억의 벼랑 끝으로 내몰린 지 오래다. 박물관을 흔히 '유물의 무덤'이라고 한다. 옛 문방구가 박물관으로 가듯 오늘의 연필과 볼펜도 박물관에 갈 날이 올 것이다. 그러나 상기해 보자. '무덤' 앞에서 산 자가 매무새를 가다듬지 않는다면 살아도 산 것이 아니잖은가. 꼬박 삼년간 만사를 제쳐두고 일천 질이 넘는 각종 전적과 씨름했다는 편저자는 바로 이처럼 향수만 남은 채 실체가 까무룩해진 옛것을 되살려내고자 한 분이다. 그는 유물의 고분을 경건한 학구열로 발굴 조사한 개척자인 셈이다.

편저자는 자서에서 '이 책에 수록된 시문에는 우리 선인들의 사유와 감정과 생활의 아취가 짙게 배어 있다'라고 썼다. 문방생활에서 우러난 문인들의 아려한 서정이 시서화의 근간이 되었다는 말은 입에 발린 소리가 아니다. 이 책에 실린 퇴계 이황의 제자 권호문의 시「연지청와硯池靑蛙」는 그 적실한 예이다.

권호문의 됨됨이는 일찍이 퇴계가 말했다. "유자儒者의 기상이 넘치고, 맑고 깨끗하여 산림지풍山林之風이 있다." 그는 벼슬을 마다하고 경북 안동 청성산 기슭에 서실을 짓고 물인 양 구름인 양 유적하게 말년을 보냈다. 어느 여름날 그의 서실에 청개구리 한 마리가 겁도 없이 뛰어들었다. 그는 말한다. "서실이 산과 가까워 이따금 청개구리가 들어와서는 벼룻돌 오목한 연지에 가득 부어 놓은 물 위에 떠서 노니니 이 또한 좋은 일이다." 선비의 벼루에는 물이 마르지 않는 법이다. 이 개구리란 놈이 벼루 속 촉촉한 물에 몸을 담그고 유영하니 가관일 터. 그가 한참이나 개구리 노는 짓을 바라보다 시 한 수를 적으니 이러하다.

> 한 움큼 맑은 물 부어둔 보랏빛 벼룻돌 오목한 연지에
> 청개구리 떠서 노닐며 발짓하니 잔물결이 일렁이네
> 이 가련한 것아, 끝내 연지 속의 물物인 것이
> 어찌 비를 만난 교룡처럼 승천할 수 있으랴

벼루 속에서 발버둥치는 청개구리, 그리고 한소하기 그지없지만 여유와 풍류가 철철 넘치는 산림거사의 삶. 금방이라도 화흥이 솟구칠 것 같은 풍경 아닌가. 아닌 게 아니라 월전 장우성 화백이 편저자에게 권호문의 시구를 전해 듣고서는 이 책의 권두에 그림을 실었다. 벼루 바닥에 떡하니 버티고 앉은 청개구리 그림은 청초한 문방생활의 애물마냥 사랑옵다. 붓 한 자루, 종이 한 조각이나마 오랜 벗을 대하듯 소중히 간수한 선비의 마음결은 다른 시문에서도 엿보인다.

인조와 숙종 대에 걸쳐 벼슬한 이현석은 자신이 쓰던 붓을 떠나보내며 장례까지 치른 사람이다. 애지중지하던 붓이 몽땅 닳자 애달픈 마음에 무덤을 만들어주었으니 이것이 곧 필총筆塚이다. 영정조 시절 이덕무는 이보다 한술 더 떠 붓무덤 곁에 파초를 심어 붓의 혼을 달랬다는 기록이 있다. 이런 예화들은 단원 김홍도가 그림을 팔아 끼니와 땔감 대신 늙은 매화를 샀다는 이야기를 듣는 것과 마찬가지로 가슴 한쪽이 우련하면서도 도타운 기운을 북돋운다.

숙종 때까지 살며 대제학과 공조판서를 지낸 김진규는 또 어떤가. 그는 인경왕후의 오라버니다. 그는 배소에 먹을거리가 없자 좁쌀 몇 됫박을 얻으려고 금쪽같이 아끼던 필묵을 내주고는 상심한다. 그가 토로한 심회는 이렇다. "서생은 평생 남아도는 물건이 없으나 전부터 종사해 온 직업이 오직 필묵생활인지라 슬플 때나

기쁠 때나 근심할 때나 즐거울 때나 이것에 기탁하여 온갖 정성을 쏟았는데, 하루아침에 두 가지가 없어졌으니 어찌하랴." 학문을 목숨처럼 보듬고 살아온 선비의 곤고한 시절이 눈에 선한 대목이다.

종이, 붓, 먹, 벼루 등 문방사우만 이 책에 언급한 것은 아니다. 붓을 씻는 필가가 있고 팔을 받치는 견각 등 스무 가지가 넘는 아기자기한 곁들이기도 문인들의 사랑을 받은 권속이었다. 사랑 없이 노래가 나올까. 이리하여《한국문방제우시문보》는 오래된 사랑가로 남을 것이다. 문인들이 그렸다 해서 문인화가 되는 것은 아니다. 문방구에 쏟은 각별한 애정이 있고 호학하는 마음 씀씀이가 있어 문인화가 탄생했을 터이다. 이 책은 '모필시대의 마지막 송가'다. 잊은 것은 잃은 것이 아니다. 일사 선생은 모두가 잊고 있는 진경을 서안 위에 보란 듯이 펼쳐놓았다.

〈사족〉

이 글은 1995년에 썼던 것이다. 십 년을 훌쩍 넘긴 글을 다시 읽으니 일사 선생에 대한 회억이 목구멍까지 치밀어오른다. 선생을 처음 뵌 해는 내가 기자로 일하던 80년대 말이었다. 강산이 두 번 바뀌었다. 자주 찾아뵙지 못했으나 멀리서 가까이서 선생의 족적은 놓치지 않았다. 가까이 뵈면 묵흔의 암향이 흘렀고, 멀리서 들으면 존함의 기세가 우렁찼다.《한국문방제우시문보》는 겨우 몇 자씩 끄적이곤 하던 나의 졸문에 크나큰 도움을 준 책이다. 어느 때 어느 곳을 펼쳐도 내 마음을 송두리째 빼앗는 선인의 아취는 종내 내 손에서 떠나지 않았다. 이 귀중본을 전해주신 선생께 읍한다. 선생과 나 사이에 흘러간 나날은 붙잡을 수 없다 해도 좋은 일은 반드시 앞날에 놓여 있을 것을 믿는다. 이십 년 세월이 마냥 허송은 아니었다. 봄 그늘에 비오려 하니 날아가던 새가 깃드는구나!

산을 떠났나, 산이 떠났나

시인 조용미의 시를 읽다가 가슴에 와닿은 한 구절이 입에 익었다. 바로 이 대목.

> 아무도 없는 산길을 걸어본 자는 알 수 있다
> 숲의 밖으로 난 길이 사람을 다시
> 산속으로 이끈다는 것을

산길에 사람이 없다. 숲 밖에 사람소리 들린다. 산책자는 숲 밖을 기찰하다 다시 산속으로 들어온다. 그가 사람과 어울리기를 마다한 걸까, 산이 그를 붙들어두려는 걸까. 산이 세속을 안 떠나고 세속이 산을 떠난 것이 맞을진대 그는 고독을 자청한 자가 분명하다. 하나, 걸어보라 산책자여, 속리산俗離山은 없고 산리속山離俗

만 마주할 뿐이다.

세속에 거하되 속리의 기운이 충만한 지경地境은 정녕 없는 것일까. 나는 조선시대 한 화가의 그림을 보며 아쉬움을 달랜다. 18세기 문인화가 이인상은 오직 거속去俗이란 한마음으로 붓 방망이질을 한 사람이다. 오백 년 조선사를 거슬러도 겸재 정선을 넘을 산수화가가 없고, 단원 김홍도를 제칠 풍속화가가 없다는데 이인상은 그 둘과 겨루지 않고 문인화의 최고봉에 버티고 앉은 화가다. 그의 우뚝한 좌정에 관해서는 미술사가들 사이에 다툼이 없다.

이인상이 남긴 가로 일 미터가 넘는 장폭의 그림 〈장백산長白山〉을 보자. 한눈에 봐도 정치한 기색이 없어 무성의한 느낌이 든다. 휑하고 휭하니 핍진하다기보다 소루하고, 채웠다기보다 비운 그림이다. 가까이 보이는 두 산봉우리에 몇 그루 나무를 그려넣었으나 울창하지 않다. 오른쪽 중턱에 반쯤 모습을 드러낸 정자가 보이지만, 저 뒤편에 물러나 있는 산들은 무심할 정도로 어렴풋하다. 인적이라곤 찾을 수 없고, 켜켜이 내려앉은 시간이 적막과 공소가 지배하는 공간을 쓰다듬고 있다. 화가는 무슨 심회로 외마디 소식조차 없는 그림을 그렸을까.

그림 왼쪽 아래에 어련무던한 글씨가 보인다. 번역해 보면 그린 까닭이 읽힌다. '가을 비 내리는 날, 계윤의 집에 갔다. 그가 종이를 내놓으며 그림을 그려달라고 한다. 언뜻 곽충서가 종이연을 그린 일이 생각났다. 계윤이 내가 너무 나태하다고 말한다. 장백

이인상 | 〈장백산〉 | 18세기 | 개인 소장

산을 그리고 붓을 놓은 뒤 함께 웃었다.' 앞뒤 사연을 챙겨봐야 제발의 의미를 알 수 있다. 계윤은 이인상의 친구로 당대 명필인 감상숙의 자字다. 이인상이 그의 집에 놀러갔다가 이 그림을 그렸다. '곽충서의 종이연이 생각난다'는 무슨 뜻인가. 곽충서郭忠恕는 송나라 화가다. 그의 자는 '국보國寶'다. 행실로 보면 아닌 게 아니라 국보감이다. 곽충서는 국자감 주부를 제수 받았지만 술에 취해 조정에서 쟁론을 벌이다 눈 밖에 났다. 말이 방자하다는 이유로 등주로 유배되었고 풀려나서 벼슬에 나아가지 않았다. 성품이 매이기를 싫어했지만 세속을 등지지도 않았다. 술을 좋아하고 교유가 활달했다. 세인들은 '세상 밖에서 익은 음식이라곤 먹지 않은 사람 같아서 또 하나의 골상을 갖추었다'고 평가했다.

곽충서의 매이지 않는 삶은 조선 문인 허균의 글에도 나온다. 허균은 세 가지 고질병에 시달린 고집쟁이다. 하나는 권세가의 집을 드나들면 발꿈치가 부르트는 병이고, 또 하나는 귀족에게 절하면 허리가 뻣뻣해지는 병이고, 마지막 하나는 남을 칭찬하면 어느새 말을 더듬는 병이다. 귀천 안 가리고 시정잡배를 만나 술잔 기울이는 것을 본 친구가 허균을 나무라자 그는 이렇게 말했다. "옛날 곽충서는 시장통 사람들과 어울려 술 마시면서 '나와 함께 지내는 사람은 모두 이런 부류다'라고 했는데, 형께서 함께 노니는 사람들은 시장 사람보다 나은가."

곽충서 역시 흥이 일면 예의범절에 구애받지 않았고, 아름다운 경치를 만나면 돌아가기를 잊었다. 그는 그림 주문을 자주 받왔다. 어느 날 부자가 향응을 베푼 뒤 비단꾸러미를 펼치며 그림을 그려달라고 떼를 썼다. 그는 마지못해 붓을 들었다. 어린아이가 연을 날리는 그림인데 왼쪽 아래에 아이를, 오른쪽 위에 종이연 하나를 달랑 그렸을 뿐이었다. 텅 빈 곳에는 아이와 연을 연결하는 가느다란 실만 그려넣었다. 곽충서는 비단 가득 그려진 그림을 기대한 부자를 놀린 꼴이다. 이인상도 〈장백산〉을 완성해 놓고 보니 여백이 너무 많았다. 그래서 곽충서의 일화를 떠올렸다. 장백산은 백두산의 다른 이름이지만 제발의 행간을 따져보면 '빈[白] 곳이 너무 많다[長]'는 뜻이겠다. '이인상이 나태하다'라는 지적은 그림을 다 채우지 않았다는 이야기다.

　〈장백산〉이 그려진 사연은 그렇다 치고, 솜씨나 풍격은 어떠한가. 치밀하지 못해 나무와 바위를 그린 붓질은 어설프다. 세련된 기량과 거리가 멀다. 담담하면서 무덤덤하고 모자라는 듯하면서 칼칼한 느낌이 풍긴다. 담담한 것은 먹을 진하게 칠하지 않았기 때문이다. 나뭇잎이나 바위 군데군데 진한 먹을 찍었지만 아주 엷은 먹으로 쓱쓱 그은 흔적이 더 많다. 칼칼하다는 느낌도 먹을 진하게 쓰지 않은 데서 온다. 농익은 표현을 자랑하는 그림은 문인화가의 몫이 아니다. 문인화는 기술을 뽐내지 않는다. 일부러 못 그린 듯하면서 가슴속의 일취와 사유의 깊이를 드러낸다. 품격이 거기서 우러나온다.

　이인상은 꼬장꼬장한 선비였다. 그의 초상화를 보면 세상의 시시비비에 대해 상관하지 않는 풍모가 눈에 들어온다. 수척한 골상에 눈빛은 내리깔고 있으며 꽉 다문 입에 눈두덩은 깊다. 그는 가난하게 살았다. 서른이 넘어 집 한 채를 가질 수 있었는데, 그것도 친구들이 겨우 마련해 준 초가였다. 문설주가 낮아 드나들 때 머리를 숙여야 했지만 이 집에 이름 붙이기를 '능호지관凌壺之觀'이라고 했다. '삼신산 중에 하나인 방호산을 능가하는 경관'이란 뜻이다. 그래서 이인상의 호가 '능호관'이다.

다시 한 번 〈장백산〉을 보자. 후세 역사가들은 말했다. "능호관의 그림을 대하면 이마에 일진광풍이 스쳐 지나가고, 맑고 스산한 문기가 서려 마음이 조촐해진다." 이인상의 올곧은 심상과 군더더기 없는 처신을 떠올릴 수 있다면 이 그림의 겉이 아닌 속을 본 사람이라 하겠다.

그렇다 해도 저 비어 있는 속수무책의 공간은 어쩔 셈인가. 유정함이라곤 한 치도 없는 외진 막막함. 여백은 격절이다. 한 소식조차 들을 수 없는 저 여백에서 나는 목마른 정적과 맹렬한 적멸을 느낀다. 세상이 그림에서 나오지 않았더라도 그림은 세상에서 나왔을 터인데, 이인상이 그린 〈장백산〉은 어느 세상 모퉁이에 자리 잡고 있는 도린결인가. 설령 〈장백산〉을 걸어간들 속세가 궁금한 나는 한쪽 귀를 세울 수밖에 없으리니. 속리산이여, 어이 그리 멀기만 한가.

쪽빛 바다에 떠도는 한 조각 붉은 마음

세속과 성시城市는 어디에 있는가. 하늘과 땅 사이에 있다. 통영은 통영의 하늘과 통영의 땅 사이에 있다. 하늘과 땅 사이에 빚어지는 풍광이 예술을 낳을진대, 통영의 예술은 땅보다 바다에 크게 빚진다. 통영이 자랑하는 팔경을 보라. 미륵산, 통영운하, 소매물도, 달아공원, 한산섬, 남망산, 사량도, 용머리에서 바라본 경치는 모조리 바다를 노래한다. 통영 사람은 땅에서 바다를 본다. 서 있는 곳은 달라도 전후좌우는 아득히 펼쳐지는 바다다. 그리하여 통영의 예술인은 지평선보다 수평선에 친숙하다. 유치환의 시 「깃발」 가운데 '저 푸른 해원海原을 향하여 흔드는, 영원한 노스탤지어의 손수건'은 수직의 깃발이 수평의 바다에 대한 향수를 고백한 대목이다. 통영의 예술인은 또한 수평선 맞닿은 곳에서 피어오르는 하늘을 동경한다. '에메랄드빛 하늘이 환히 내다뵈는, 우체

달아공원에서 바라본 통영 앞바다의 노을

국 창문 앞에 와서 너에게 편지를 쓴'(유치환의 「행복」 중에서) 시인은 '사랑하는 것은 사랑을 받느니보다 행복'하다고 털어놓는다. 통영의 세속은 바다색으로 설레고, 통영의 성시는 하늘빛이 위로한다.

삶의 몽환을 드러내는 노을빛

하늘에 노을이 비낄 때, 달아공원은 기다린 듯 활기를 띤다. 뒤늦게 해바라기하려는 나그네들로 북적인다. 바다에 사로잡힌 섬들이 족쇄를 풀고 운무 속을 떠다니고, 물결에 가려 섬의 아랫도리는 보이지 않아도 섬은 박차고 오르는 기운으로 파도를 밀어낸다. 바다의 사슬이 헐렁해지는 틈을 타 섬들은 모처럼 탈출을 도모하는데, 폭양의 기세를 꺾는 해넘이는 한뉘의 장엄한 종장을 나그네 앞에서 펼친다. 달아공원에서 석양을 바라보면 우리네 삶이 허허롭다. 삶이 몽환포영夢幻泡影처럼 스러지고 저문다. 해가 중천에 떠 있을 때 보이지 않던 것들이 석양 아래에서 여지없이 드러난다. 그것은 '꿈의 거품'이자 '헛것의 그림자'다. 거품과 그림자로 본색을 드러낸 인생은 덧없다.

나그네의 심상을 처연하게 만드는 덧없음은 형상이 아니라 색깔로 구현된다. 한낮의 바다를 지배하던 에메랄드와 코발트블루는 생생한 실존이다. 그것은 현실을 영구히 지속시키려는 의지를 가진 색깔이다. 그러나 스러지는 태양 아래에서 바다는 색깔을 바꾼다. 바다는 퍼플 또는 바이올렛이 뒤섞인 비현실적 색감으로 물든다. 그 색들은 형상의 끈질긴 구체성을 모호하기 짝이 없는 추상으로 내몬다. 석양은 이리하여, 형상의 정체성을 앗아버리는 시간의 수작이다. 시간의 거리낌 없는 농단 앞에서 인간은 속수무책이다.

통영이 낳은 시인 김춘수는 일찌감치 석양에서 이승이 아닌 저승을 보았다. 그의 시 「청마 가시고, 충무에서」는 저승의 주소까지 일러준다.

저승은 남망산 저쪽
한려수도 저쪽에 있다
해 저무는 까치 소리를 낸다
올해 여름은
북신리 어귀에서
노을이 제 이마에 분꽃 하나를 받들고 있다
후후 입으로 불면
서쪽으로 쏠리는
분꽃도 저승도 어쩌면
해 저무는 서쪽 하늘에 있다

저무는 시각에 비현실적 색감으로 드러나는 저승은 입으로 불어도 가닿는 서쪽에 자리한다. 해넘이에 바다는 느슨해지고 이마에 분꽃을 얹은 노을은 저승의 가벼움과 가까움을 확인시킨다. 통영에서 까마득히 먼 저 당나라 장안의 동남쪽 낙유원樂遊源에도 노을은 어김없이 깔렸다. 시인 이상은은 제왕 귀족이 환락과 유흥으로 날을 보내던 낙유원에 올라 노을을 보았다. 그는 이렇게 읊었다.

저물녘 마음 둘 곳 없으매
수레 몰아 옛 언덕에 올랐어라
석양은 끝없이 펼쳐져 좋으나
어찌 하리, 황혼이 가까운 것을
向晚意不適 驅車登古原 夕陽無限好 只是近黃昏

저물어가는 하늘 끝은 보이지 않는데, 인생의 황혼은 가까이 보인다. 꿈과 헛것과 거품과 그림자가 또렷하다. 김춘수와 이상은은 통영과 장안에서 멀리 저무는 곳을 보며 삶 가까이에 있는 저 세상을 예감한 시인이다. 석양이 번지는 달아공원에 서면, 현실이 비현실로 보이고 비현실이 현실로 보인다.

한려수도의 물빛 환희
나그네의 눈에 통영은 현실과 비현실의 틈새에서 돋가이 존재하는 아름다움이다. 케이블카를 타고 한낮의 미륵산에 올라가보라. 거품과 그림자가 사라지고 대신 생시의 높고 가파른 풍경이 다가온다. 그곳에서 한려수도를 내려다보면 멀리 욕지도와 연화도와 매물도가, 가까이 한산도와 사량도와 연대도, 비진도, 송도, 저도가 점점이 박혀 있다. 희부윰한 바다안개에 감싸인 섬들은 완강한 존재감으로 한낮의 난반사를 밀어낸다.

 무엇보다 바다의 색깔이 눈을 찌른다. 그 바다의 물빛이 화폭으로 스며들어 전혁림의 그림이 되었다. 전혁림의 색채는 선연하다. 그는 뭐라 해도 색채의 화가다. '다도해의 물빛 화가'란 별칭은 입발린 치사가 아니다. 그처럼 원색이 일렁이는 화면을 난만하게 구사하는 화가도 찾기 힘들다. 해 비끼는 서쪽 하늘 노을에서 저승을 본 김춘수마저 전혁림의 그림 앞에서 비로소 이승의 환한 얼굴을 보았노라고 증언한다. 그의 시 「전혁림 화백에게」이다.

  전 화백

  당신 얼굴에는

  웃니가 하나 남고

  당신 부인께서는

  위벽이 하루하루 헐리고 있었지만

  코발트블루

  이승의 더없이 살찐

여름 하늘이

당신네 지붕 위에 있었네

    화가 하인두는 전혁림 색의 살아 있는 촉감을 지적한다. 생전에 그는 전혁림의 그림에 대해 말하길 '비단 무늬의 피부를 펼치는 채색술'이라고 했다. 원색의 살결이 손끝에 만져진다는 이야기다. 전혁림 자신도 육성으로 고백했다. "미술에서 색을 누락하면 무슨 재미인가. 색은 각기 고유한 자립성이 있는데, 색을 사용할 줄 모르는 민족은 멸망한다. 나는 그 색의 고유성을 존중하면서 조화를 추구한다. 나는 칠십대 중반에 이르러서야 한국적 색채를 알아냈다."

    전혁림은 고향인 통영을 굳건히 지키는 원로화가다. 한려수도의 물빛 정감을 가슴에 품고 산다. 어느 평론가는 그를 '해양성 체질을 체득한 화가'라고 했고, '통영 앞바다에서 살면서 저 멀리 스칸디나비아나 지중해, 혹은 알래스카의 파도 소리와 교감한다'고 했다. 그가 통영수산학교를 나와 화가가 된 것을 기이한 사건이라고 말한 사람도 있다. 바다가 그림임을 모르고 한 소리다.

    그는 뒤늦게 국립현대미술관이 선정한 '2002년 올해의 작가'가 되었다. 늦깎이 화가인 것처럼 여겨지지만 그는 사실 올백이 화가다. 제1회 국전에 출품해 유경채 화백과 대통령상을 놓고 겨루었고, 제2회 국전에 낸 〈늪〉이란 작품은 국전 사상 최초인 비구

전혁림 | 〈통영항〉 | 1989년 | 개인 소장

상계열로 문교부장관상을 받았다. 오랫동안 중앙 화단이 잊어서 그렇지 그는 그림을 잊은 적이 없다. 미술평론가 윤범모가 지적한 대로 그는 '철저한 무계보 무인맥의 자유인'이다. 서울과 절연한 채 향촌에서 전업화가로 살아온 그의 삶 전반기는 결핍과 적막이 지배했다. 그는 적막을 자청했다. 그는 말한다. "중앙 화단과 단절된 지역에 살며 나는 오히려 내 작품의 독자성을 쌓을 수 있었다. 예술은 선생이 필요 없다. 자기 혼자 배우는 것이다." 70년대만 해도 그의 작품은 풍경화조차 어두웠다. 80년대 들어 화면은 경쾌발랄한 낙천성으로 진입한다. "민화나 단청에서 느낄 수 있는 색채, 전통적인 선과 문양을 소재로 독창적인 색면 구성의 추상화를 구축했다." 윤범모의 분석이다. 때로 오방색이 춤을 추지만 그의 화면을 떠받치는 중추색은 통영의 짙푸른 바다색이다. 바다의 색이 다른 색을 불러들여 한바탕 마당굿을 펼치는 장면은 절로 신명을 돋우는데, 그리는 자와 보는 자의 데면데면한 침묵을 단숨에 깨어버리는 천진한 낙천성이 전혁림의 붓에 스며들었기 때문이다.

불러주는 이의 꽃, 쪽빛

그러나 바다의 색은 중구난방이다. 에메랄드이건 코발트블루이건 울트라마린이건, 바다는 정작 색의 명명을 개의치 않는다. 이 땅의 예술인이 가장 즐겨 일컫는 바다색은 쪽빛이다. 쪽빛은 하늘색이기도 하다. 통영의 하늘과 바다는 쪽빛, 그 알 듯 모를 듯한 색의 웅숭깊음으로 예술가를 번민하게 한다. 쪽빛으로 물들인 모시를 보고 타관의 소설가 조정래가 이렇게 썼다. '가슴을 짜르르 울리는 전율과 함께 무언가 깊게 사무치는 감정을 일으키는 그 쪽빛을 무어라 해야 할까. 그건 깊고 깊은 바다에서 금방 건져올린 색깔이었고, 차고 시려서 더욱 깊고 푸르른 겨울 하늘을 그대로 오려낸 것이었다. 그 쪽빛 모시필은 찬바람에 펄럭이고 나부끼며 겨울 하늘로 변해가는가 하면, 바라볼수록 처연하고 한스러운 감정에 사무치게 하는 것이었다.'

소설가는 쪽빛을 하늘과 바다의 색에 견준다. 소설가의 느낌은 그러나 어지럽다. 그의 글은 영탄조다. 쪽빛을 어떻게 이름 지어야 할지 애태우는 모습으로 글을 시작한다. 결론은 바다와 하늘에게 이름 짓기를 미룬다. 쪽빛이 가슴에 남긴 흔적을 소설가는 '처연함과 한스러움'으로 표현했다. 처연하고 한스러우면 슬퍼진다. 쪽빛의 느낌을 규정하지 못한 채 붓을 거두는 문인의 주저가 안타깝다.

일찍이 김춘수는 「꽃」이라는 시에서 이름 부르기의 갈망과 이름 짓기의 어려움을 한꺼번에 토했다. '하나의 몸짓에 지나지 않'는 무엇은 이름이 그립다. '무엇'이 '꽃'이 되고 '잊혀지지 않는 하나의 몸짓'이 되려면 이름을 얻어야 한다. 그는 불러주기를 고대하는 안타까움을 다음과 같이 맺는다.

내가 그의 이름을 불러준 것처럼
나의 이 빛깔과 향기에 알맞은
누가 나의 이름을 불러다오
그에게로 가서 나도
그의 꽃이 되고 싶다

쪽색을 만드는 전통 염장에게 물어도 답은 시원치 않다. 내가 아는 염장은 쪽색을 '청도 아니요, 벽도 아니요, 남도 아닌 까마득한 색'이라고 설명한다. 까마득하다니, 이야말로 바다도 아니요, 하늘도 아니요, 꿈결도 아니요, 그렇다고 슬픔이나 처연함이나 한스러움도 아닌, 오리무중이란 말 아닌가. 실로 언어도단이자 어불성설이 쪽색이라고 천연덕스럽게 말하고 있다. 천하의 문인들도 쩔쩔맨 이름 짓기를, 그 색을 만들어내는 염장조차 까마득하다고 말한 쪽색의 정체를, 무슨 용빼는 재주가 있어 규정하겠는가. 쪽색은 수식을 도로에 그치게 만드는 냉혹한 운명을 타고 태어난다.
쪽빛의 스펙트럼은 넓다. 뉘앙스는 천차만별이다. 서양의 먼셀 표색계가 무색할 정도로 능준하다. 비유를 허용한다면 그 쪽빛의 스펙트럼은 청산리 벽계수에서 비갠 날의 가을 하늘, 흐린 날의 만경창파, 갓 시집온 새아씨의 옥반지, 초가을 햇빛에 빛나는 청자 비색 등으로 천변만화할 것이다. 통영에서 본 쪽색은 제승당으로 가는 바다 길목에서 가장 짙푸르렀다. 꿈엔들 잊지 못할 그 쪽색은 여름의 뙤약볕 아래에서 한 생애를 다 바쳐 빛난다. 푸른색은 모든 인류가 좋아하는 색이다. 미국의 색채 전문가인 파버 비렌Faber Birren은 각국에서 행해진 조사결과를 모아 평균하여 사람들은 파랑, 빨강, 초록, 보라, 주황, 노랑 순으로 색을 선호한다는 사실을 밝혔다. 이 순서는 성별, 국적, 인종을 불문하고 거의 일치한다고 했다. 이뿐만이 아니다. 미국 캘리포니아대학교 로스앤젤레스캠퍼스UCLA에 제출한 로버트 제랄드Robert Gerald의 박사학위 논문은 푸른 빛깔의 정신생리학적 효능을 강조한다. 그에 따르면 쪽빛을 포함한 푸른 계통의 색은 어느 것이나 치유 효과가 높다는 것이다. 이 색깔은 긴장상태를 완화한다. 곧 완화진정제인 셈이다. 혈압을 내려 고혈압을 치료하는가 하면 근육경련이나 사경, 손떨림을 치료하는 데 도움을 준다. 눈이 쓰릴 때도 좋다. 어두침침한 푸른 조명은 불면증 환자에게 잠을 유도한다. 고통을 더는 데도 푸른색 계통은 진정작용을 한다. 이쯤 되면 푸른색은 만병통치다. 통영의 쪽빛은 더할 나위 없이 사람들을 위로한다. 세상에서 가장 넓은 바다, 세상에서 가장 넓은 하늘이 바로 쪽빛 아닌가. 통영의 쪽빛은 자연에 안기고픈 모든 이의 염원을 대신하고 있는 셈이다.

기다림 속에 번지는 붉은색

바다가 아닌 뭍에 자리한 박경리의 묘소에는 붉은 꽃이 피었다. 누가 가져다놓았는지 봉분 곁에 붉은 수련 하나가 고무통에 담겨 있었다. 묘소에서 보면 한산 바다가 내려다보이는데 미륵산과 장군봉이 좌우에 버티고 있다. 젊어 시인을 꿈꾸었다는 소설가는 이 세상이 외롭고 쓸쓸한 곳임을 진작 간파한 모양이다. 그의 「판데목 갯벌」이란 시가 쓸쓸함을 추억한다. '판데목'은 통영 앞바다의 수로 이름이다.

> 피리 부는 것 같은 샛바람 소리
> 들으며
> 바지락 파다가
> 저무는 서천 바라보던
> 판데목 갯벌
> 아이들 다 돌아가고
> 빈 도시락 달각거리는
> 책보 허리에 매고
> 뛰던 방천길
> 세상은 진작부터
> 외롭고 쓸쓸하였다

외롭고 쓸쓸한 세상에서 구원을 기다리는 그의 심사는 「우주 만상 속의 당신」이란 시에서 발각된다.

내 영혼이

의지할 곳 없어 항간을 떠돌고 있을 때

당신께서는

산간 높은 나뭇가지에 앉아

나를 바라보고 있었습니다

…

그렇지요

진작에 내가 갔어야 했습니다

당신 곁으로 갔어야 했습니다

찔레 덩쿨을 헤치고

피 흐르는 맨발로라도

…

백발이 되어

이제 겨우겨우 당도하니

당신은 먼 곳에 계십니다

절절히 당신을 바라보면서도

아직 한 발은 사바에 묻고 있는 것은

무슨 까닭이겠습니까

한 발은 사바에, 또 한 발은 열반에 두고 있는 존재는 없는 법이다. 두 곳에 같이 발을 묻은 존재가, 만에 하나 있다면, 그는 사랑에 빠진 사람일 것이다. 고통과 열락이 그의 것이다. 통영에서 이루어진 사랑도 무릇 다르지 않다.

통영은 항구다. 쪽빛 하늘을 이고 쪽빛 바다를 끼고 있는 항구다. 항구는 고깃배만 오가는 곳이 아니다. 항구에는 그리움과 헤어짐이 공존하는 이미지가 있다. 통영항에는 해마다 이별의 눈물을 보태는 고려 시인 정지상의 남포南浦가 없어도, 버들잎 푸른 객사에서 소맷부리 못 놓는 당나라 시인 왕유王維의 양관陽關이 없어도, 헤어지는 사연이 파도처럼 넘실댄다. 정인들이 품은 그리움에 비기면 통영의 하늘인들 통영의 바다인들 넓고 깊으랴. 당말의 여류시인 이계란李季蘭의 시다.

사람들이 말하길 바닷물이 깊다지만
내 그리움의 반에도 못 미치지
바닷물이야 오히려 끝이 있지만
그리움은 아득해 가장자리가 없다네
人道海水深 不抵相思半 海水尙有涯 相思渺無畔

향리도 아니면서, 그것도 멀고 먼 타관인 평북 정주 사람이면서, 통영의 여인이 그리워 상사시를 줄곧 써댄 백석도 그리움의 끝 간 데를 찾지 못한 시인이다. 백석이 친구의 결혼식에서 조우했다는 난蘭이라는 여인은 그 아름다움이 비길 곳 없어 시인의 가슴에 묻었단다. 시인은 수줍게 속삭인다. '남쪽 바닷가 어떤 낡은 항구의 처녀 하나를 나는 좋아하였습니다. 머리가 까맣고 눈이 크고 코가 높고 목이 패고 키가 호리낭창하였습니다……. 어느 해 유월이 저물게 실비 오는 무더운 밤에 처음으로 그를 안 나는 여러 아름다움에 그를 견주어보았습니다. 당신께서 좋아하시는 산새에도, 해오라비에도 또 진달래에도 그리고 산호에도……. 그러나 나는 어리석어서 아름다움이 닮은 것을 골라낼 수 없었습니다.'

그리움이 깊으면 헤어짐의 예감이 두렵다. 백석의 시 「통영」을 보면 두려운 예감이 동백의 붉은 잎처럼 눈을 찌른다.

> 난이라는 이는 명정골에 산다는데
> 명정골은 산을 넘어 동백나무 푸르른 감로 같은 물이 솟는 명정샘이 있는 마을인데 샘터엔 오구작작 물을 긷는 처녀며 새악시들 가운데 내가 좋아하는 그이가 있을 것만 같고
> 내가 좋아하는 그이는 푸른 가지 붉게 붉게 동백꽃 피는 철엔
> 타관 시집을 갈 것만 같은데

난은 다른 사람도 아닌 백석의 친구와 결혼한다. 통영의 해안을 따라 동백나무가 줄지어 서 있는 광경은 나그네의 눈에도 낯설지 않다. 붉디붉은 꽃잎 대신 열매가 송글 맺힌 동백을 바라보

니 백석의 눈물처럼 단단하다.

정주 사람 백석은 타향의 여인을 멀리 두고 그리워했지만, 통영 시인 유치환은 타향에서 흘러온 이영도 시인을 지척에 두고 속정을 끓였다. 청마문학관에서 듣건대 그가 이영도에게 보낸 편지 수는 이십 년에 걸쳐 오천 통이라고 한다. 문단에선 이영도를 일컬어 흔히 '기다림의 시인'이라고 한다. 누가 누구를 더 기다렸는지는 유치환의 시 「그리움」이 귀띔한다.

파도야 어쩌란 말이냐
파도야 어쩌란 말이냐
임은 물같이 까닥 않는데
파도야 어쩌란 말이냐
날 어쩌란 말이냐

백석의 애달픈 인연은 동백꽃 붉은 날에 마감했다. 유치환의 상사는 붉은빛 양귀비로 맺힌다. 붉은 마음이 서로 닮았다.

세상의 고달픈 바람결에 시달리고 나부끼어
더욱 더 의지 삼고 피어 헝클어진 인정의 꽃밭에서
너와 나의 애틋한 연분도
한 망울 연련한 진홍빛 양귀비꽃인지도 모른다

―유치환의 「행복」 중에서

  통영의 사랑은 그리움도 기다림도 헤어짐도 붉은빛이다. 한 조각 붉은 마음[一片丹心]이 통영의 쪽빛 하늘과 바다에 떠다닌다. 잿빛 흉흉한 도시의 나그네들이여, 처연하게 붉고 선연하게 푸른 통영으로 가라. 가거들랑 폐부와 심장을 꺼내들고 바다에 씻어라. 돌아오는 그대의 가슴은 기어코 사랑과 열망으로 출렁거릴 것이다.

… 3장 : 봄날의 상사相思를 누가 말리랴

전기 | 〈매화초옥도〉 부분 | 19세기 | 국립중앙박물관 소장

마음이 없으면 보아도 보이지 않는다

　18세기를 살다간 조선 화가 최북의 그림 하나가 있다. 제목은 〈풍설야귀인風雪夜歸人〉. 그 뜻은 '눈보라 치는 밤에 돌아온 사람'이다. 이 작품을 두고 옛 그림을 어떻게 감상할지 살펴보자. 이 그림은 산수화다. 윗부분에 초목이 듬성듬성한 산이 보인다. 눈이 산을 뒤덮고 있어 언덕과 골짜기는 드러나지 않는다. 다음으로 중간 부분. 휘몰아치는 바람을 못 견뎌 허리가 잔뜩 휜 나무들이 서 있다. 그 뒤로 초가집이 숨어 있고, 사립문 밖으로 검둥개 한 마리가 뛰어나온다. 화면 맨 아래쪽은 지팡이를 든 노인과 동자가 걸어가는 모습이 보인다. 이 그림은 이처럼 세 부분으로 나누어서 보는 게 자연스럽다.
　흔히 옛 그림은 오른쪽 위에서 왼쪽 아래로, 눈길을 대각선으로 이동하면서 봐야 한다고 말하는 이들이 있다. 언뜻 맞는 말처럼 들린다. 선조들이 붓글씨를 쓸 때 그랬다. 위에서 아래로, 오른쪽에서 왼쪽으로 행을 옮겨가며 썼고 읽을 때도 마찬가지였다. 이 버릇은 그림을 그리거나 볼 때도 적용되었다. 두루마리 그림은 오른쪽에서 왼쪽으로 펼치며 본다. 그렇지만 이런 '우상좌하의 그림 읽기'가 불변은 아니다. 왼쪽에서 오른쪽으로 보는 것이 나은 그림도 있다. 이를테면 겸재 정선의 작품 〈조어釣魚〉가 그렇다. 여름날 삿갓과 도롱이 차림을 한 낚시꾼이 세찬 비바람에 아랑곳없이 낚시에 정신이 팔렸다. 이 산수 정경은 '좌상우하'로 시선을 옮기는 게 자연스럽다. 왼쪽 산꼭대기에서 아래로 흘러내리는 듯한 비구름, 그리고 왼쪽 나뭇가지를 훑고 지나가는 바람이 그림 보는 사람의 시선 흐름을 왼쪽에서 오른쪽으로 이끌어준다. 이처럼 보는 방향은 소재에 따라 다르고 소재를 배치한 작가의 구도에 따라 변한다.

　최북의 그림은 상하로 죽 훑듯이 봐야 하고 위, 중간, 아래 부분에서 변하는 장면을 눈여겨보게 구성되어 있다. 작가도 그렇게 보게끔 의도적으로 그렸다. 왜 그런가. 그림 오른쪽 위에 적어놓은 제목 〈풍설야귀인〉은 당나라 시인인 유장경의 시 한 구절에서 따온 것이다. 시 전문을 풀이하면 이렇다.

　　날이 저물어 푸르른 산은 먼데
　　차가운 하늘 밑 시골집이 쓸쓸하네

최북 | 〈풍설야귀인〉 | 18세기 | 개인 소장

사립문에 개 짖는 소리 들리더니

눈보라 치는 밤에 돌아온 사람

이 시에서 펼쳐지는 풍경을 그림의 위아래 순서와 비교해 보라. 희한하게도 전개가 똑같다. 최북은 시를 그림으로 베껴 옮긴 셈이다. 그것도 위에서 아래로 순서대로 그렸다. 우리 옛 그림은 시적 흥취를 빌려온 예가 많다. 시화동원詩畵同源, 곧 시와 그림은 한 뿌리라는 생각이 옛 화가의 머리에 자리 잡은 까닭이다. 옛 그림을 볼 때는 그림의 배경을 이루는 역사나 문학 혹은 인물에 얽힌 고사 등을 살펴봐야 폭넓은 이해에 다다를 수 있다.

이제 기법으로 넘어가자. 우리 옛 그림은 서양화와 달리 색이 현란하지 않다. 색을 써도 서양화는 밖으로 튀어나오는데 우리 그림은 안으로 스며든다. 고요한 침잠이다. 최북의 그림은 먹으로 그렸고, 산허리와 초가집에 푸른색을 살짝 얹었다. 옛 화가들은 먹이 여섯 가지 색을 띤다고 믿었다. 칠하지 않으면 희고, 칠하면 검고, 바짝 마르거나 축축하고, 진하거나 옅은 게 먹빛이다. 이 여섯 가지 변화로 만상의 표현이 가능했다. 그렇다면 옛 그림에서 눈은 어떻게 표현했을까. 흰색을 직접 칠하는 경우는 드물었다. 눈 주변에 다른 색을 칠해 그 여백을 눈으로 여겼다. 최북은 하늘을 엷은 먹색으로 칠해 밤이 온 것을 알리는 동시에 산을 덮은 눈까지 넌지시 알아차리게 했다. 달을 그릴 때도 이런 방식을 동원

정선 | 〈조어〉 | 18세기 | 국립중앙박물관 소장

한다. 붓으로 둥그런 달을 직접 그리면 멋없다. 이른바 '홍운탁월烘雲托月'이란 기법을 쓰는데, 주변의 구름을 그려 달이 드러나도록 연출하는 것을 말한다. 바깥에서 안으로 들어가기, 혹은 없는 것으로 있는 것 드러내기, 이것이 우리 옛 그림의 은근한 그리기 방식이다.

최북은 대단히 거친 필치를 보여준다. 꼼꼼하거나 치밀한 그림과 거리가 멀다. 바람에 허리가 휜 나무를 그리며 마치 반 고흐의 임파스토(impasto, 두텁고 강렬한 색칠 기법)에 비교될 만큼 강한 붓질을 구사했다. 단 한 번의 붓질로 부르르 떠는 나무를 표현한 것이다. 강한 붓질만 있는 게 아니다. 강약이 번갈아 있고, 빠르고 느리거나, 굵고 가늘거나, 흥건하거나 칼칼한 붓질이 뒤섞여 있어 우리 옛 그림이 붓과 먹만 가지고 얼마나 변화무쌍한 느낌을 자아낼 수 있는지 보여준다. 형태는 졸렬할 만큼 소박하다. 옛 화가들은 실재와 닮지 않은 그림을 자주 그렸는데, 사물과 똑같은 그림은 천한 기술이라며 얕잡아보았다. 자신의 정서적 흥취를 표현하는 게 중요하지 닮았느냐 안 닮았느냐를 논하는 것은 어린아이 장난으로 여겼다. '닮지 않은 닮음, 그것이 진정한 닮음이다[不似之似 似之]'라고 주장한 화가마저 있었다.

옛 그림은 보는 그림이 아니라 읽는 그림이라고들 한다. 조선 후기작인 작자 미상의 〈흑묘도黑猫圖〉는 읽는 그림의 한 예이다. 검은 고양이가 등을 돌린 채 날아가는 방아깨비를 쳐다보고 있고

작자 미상 | 〈흑묘도〉 | 조선시대 | 경남대학교박물관 소장

그 옆에 국화가 피어 있다. 시골의 한가로운 가을 장면처럼 보이지만 속뜻은 전혀 다르다. '고양이 묘猫' 자는 칠십 노인을 뜻하는 '모덧'자와 발음이 같다. 국화는 도연명이 국화를 심어놓고 세상을 등진 고사에 따라 '은거'를 상징한다. 방아깨비는 한문으로 '당'인데 이는 '당연' 또는 '의당'이란 말과 통한다. 따라서 이 그림에는 '당연히 일흔 살까지 맘 편히 사시라'라는 주문이 들어 있다. 화가가 장수를 기원하면서 누군가에게 선물한 그림이 틀림없다. 그림에 나오는 소재를 일일이 설명하자면 한이 없다.

 소재의 상징성을 아는 것보다 중요한 것이 있다. 그림의 마음씨를 읽어내는 일이다. 최북의 〈풍설야귀인〉을 보면 세찬 풍파에 시달려 늙고 지친 나그네가 쓸쓸히 고향으로 돌아가는 애절한 마음씨가 고스란히 느껴진다. 그림의 마음씨는 어떻게 아는가. 감상자가 자기 마음을 그림에 실어서 볼 때 가능하다. 모든 일이 그렇듯, 마음이 실리지 않으면 보아도 보이는 게 없다.

오백 년 조선의 마음을 적신 시·서·화

기세만장한 붓글씨의 숲에서 길을 잃었다. 짙푸른 문장의 바다에서 나아갈 곳 몰라 막막했다. 예술의전당 서예박물관이 새맘 먹고 마련한 전시회는 한마디로 '한묵翰墨의 임해林海'였다. 초대 조선총독을 지낸 데라우치 마사다케寺內正毅의 소장품이 흔전만전 걸렸는데, 알아봤더니 한국에 반환된 지 10년 만에 빛을 보는 희귀작들이란다. 전시는 붓들의 함성으로 꽉 찼다. 이 울울창창한 숲과 바다에서 표류하지 않으려면 행장을 꾸리기 전에 '독도법'과 '항해술'을 익혀야 마땅하다. 그것이 길 나선 자의 의무이건만, 나는 백면서생보다 못한 만용을 부리고 말았다. 견문은커녕 낭패만 당한 꼴이었다. 원문을 읽어낼 터수는 못 되니 애초 용심부리지 않았지만, 16세기 이후 조선 명현들의 사승관계나 사회문화사적 배경 정도는 벼락치기 공부나마 하고 갔어야 옳았다. 하기야

지도와 항로표지를 해독할 능력이 하루아침에 길러지는 것은 아니다. 무릇 먹물에 감빨리는 것을 즐거움으로 삼는 자라면 사료한 조각에 담긴 자투리 지식이라도 귀히 여기고, 관련서적을 뒤지는 데 드는 시간과 비용을 아끼지 않아야 한다. 양식 있는 관객의 처신이 그러할 것이다. 물색 모르는 천둥벌거숭이처럼 전시장을 표랑한 나는 선인의 예의염치 앞에 뒤늦게 부끄러웠다. 발길을 그만 거두었다.

다시 전시장을 찾았을 때는 길동무를 앞세웠다. 서지 전문가인 김영복 형은 내가 아는 한 '걸어다니는 박물지'다. 그를 따라다니며 어깨넘이 소식이라도 듣고 귀동냥이라도 할 셈이었다. 그는 탄성을 질렀다. 성삼문의 행초를 읽으며 눈을 반짝였고, 서경덕의 오언절구를 음미하며 "좋을시고"를 연호했다. 연대 이른 서첩에서 풍기는 고졸한 맛에 취한 나는 좀이 슬대로 슨 조선종이에서 오백 년 세월의 더께를 헤아릴 뿐이다.

서경덕의 초서는 운필의 멋이 출중하면서도 도를 넘지 않으려는 단아한 자제自制가 엿보여 그의 풍도를 알게 했고, 김시습의 칠언시는 막힘없이 호활한 붓놀림에서 구름 같은 그의 행보를 떠올렸다. '글씨가 곧 그 사람'이라는 옛말이 매죽헌과 화담과 매월당의 조각 글에서조차 여실하니 고인의 수적手迹을 마주하며 깨우치는 즐거움이 어찌 소소하다 할 것인가. 또한 옛 글씨는 무엇보다 사료의 가치로 중요하다. 사명대사의 묵적만 해도 그렇다. 1605

년 지인에게 보낸 대사의 간찰을 꼼꼼히 살피던 김 형이 "여기 해초海椒가 나오네요" 하며 반색했다. 해초는 고추다. 사명대사가 고추를 구해 친지에게 어렵사리 보낸다는 내용이 적혀 있었다. 고추가 임진왜란을 전후해 일본에서 조선으로 들어왔다는 일설을 편들어주는 자료다. 백김치만 먹던 조선 사람이 양념 김치를 맛보게 된 것도 그 어름이라 추정할 수 있다. 사료의 가치는 출품작에 고루 빛났다. 「석봉필론石峯筆論」은 한호의 서체가 어떻게 변화했는지 알려주는 보기 드문 글이고, 엄청난 양의 서찰과 문서는 조선의 인적 교류를 위시한 생활사 연구에 큰 몫을 한다고 해도 빈말이 아니다.

지나친 안복은 급체를 부른다. 한두 방을 채 돌기도 전에 나는 소화불량기를 느꼈다. 이참에 다 곱씹기에는 차려진 밥상이 너무 풍성하다. 다음으로 미루려던 차에 김 형이 손짓을 했다. 정조의 어필을 본 그가 한 수 가르친다. 정조는 관서하기를 '만천명월주인옹萬川明月主人翁'이라 했다. 누가 자신의 호를 이렇게 쓸 수 있으랴. 금수강산의 풍치가 다 대왕의 것이란 이야기다. 출품하지는 않았지만 인조의 예를 덤으로 떠올리며 우리는 부러워했다. 인조는 호를 '강산풍월지주江山風月之主'라 하지 않았던가. 과시 군주의 배포와 국량에 합당한 자호自號로되 또한 소동파의 소견이 겹쳐지는 대목이 아닐 수 없다. 동파는 세상 모든 것에 다 주인이 있지만 청풍명월만은 주인이 없어 모두가 만끽하는 것이라고 했다. 하늘과 땅이 내린 정취를 독과점하는 군왕의 도는 어디서 나오는가. 나는 그것을 효명세자의 성균관 입학례를 기념하여 제작한《정축입학도첩丁丑入學圖帖》그리고 영조 때 청계천을 준설한 역사가 기록된《어제준천제명첩御製濬川題名帖》의 반차도 등에서 미루어 짐작해 보았다. 이들 기록화가 웅변하는 바는 궁정의 서사와 의식이다. 그것은 가차 없이 엄정하고 터럭 한 올 거스름 없이 반듯한 질서가 반영된 것이다. 이를 전제 치하의 누습으로 치부하기보다 위중한 사직을 감당하는 신분이 지녀야 할 미덕으로 볼 수는 없을까. '노블레스 오블리주'는 금세기까지 작동하는 유산 아닌가.

  길동무 덕을 톡톡히 본 나는 며칠 뒤 선배와 함께 전시장에 갔다. 선배는 역사의 변혁기에 관심이 많은 사람이다. 데라우치 문고 전시에 인조 때 인물이 무더기로 나왔다고 운을 뗐더니 득달같이 달려왔다. 그는 몇 년째 조선 땅에 남은 전쟁의 생채기를 찾아보고 있고, 요즘은 병자호란에 빠져 있다. 조선시대, 아니 유사 이래 '1636년 겨울의 참혹'을 넘어설 만한 치욕의 역사가 있었던가. 일제의 병탄을 제외한다면 병자호란만 한 치욕은 찾기 어렵다. 그는 그 치욕의 전말을 줄줄 꿰는 사람이다. 나와 함께 청음 김상헌의《남한기략南漢紀略》을 다시 윤독한 것도 얼마 전이다. 그는 김상헌을 비롯해 지천 최명길과 백헌 이경석과 죽남 오준 등의 육필 앞에서 오래 머물렀다. 김상헌과 최명길의 글씨는 지척에 놓여 있었다. 그것은 척화파와 주화파의 거리가 아니다. 전시 관계자의 디스플레이가 놀랍고 얄궂다. 후금의 무도한 오랑캐짓을 고이 넘길 리 없던 김상헌은 통한의 항복문서를 들고 있던 최명길에게 달려가 그 문서를 갈가리 찢으며 대노했다. 최명길은 찢어진 문서를 주워 풀로 붙였다. 후세 사람들은 이 광경을 두고 '찢은 사람도 옳고 붙인 사람도 옳다[裂之者可 拾之者可]'라고 했다. 사직의 운명은 찢느냐 붙이느냐 하는 결단 사이에서 위태로웠고 인조의 갈등은 두 사람 사이에서 깊어갔다. 유리장 속에 나란히 놓인 김상헌과 최명길의 글에서 조선의 급박한 운명은 가늠되지 않았다. 김상헌의 칠언시는 봉별의 회한을 읊을 따름이다. 다만 시전지에 써내려간 최명길의 차운시는 심양에 끌려간 심회가 어스름하게 비쳐질 따름이다.

> 머나먼 변경 세월은 더디고
> 외로운 신하 눈물만 흐르네
> 고향 동산은 천리 밖의 꿈
> 뜬구름 세상은 백 년의 슬픔
> …

삼학사 중 한 사람인 오달제가 심양에서 아내에게 남긴 절명시,

> …
> 땅이 넓으니 글월 부치기 어렵고

산이 깊으니 꿈조차 더디구려
　　　…

　운운이 최명길의 시의와 유사해 비극 한 토막을 상기할 수 있었다.
　삼전도비문의 주인공 이경석과 오준이 남긴 시문과 간찰도 마찬가지다. 청 태종의 위업을 찬양해야 했던 이경석은 이것이 빌미가 되어 뒷날 우암 송시열에게 드잡이를 당했다. 언 손을 녹여가며 썼다는 이경석의 시는 '시나 쓰며 지낼 뿐, 살아 부귀를 누리지 않겠다'는 내용이다. 그의 유려한 행초에서 전란의 풍진은 보이지 않았다. 전시장에서 선배는 입을 닫았다. 그는 유묵의 행간에 보이지 않던 역사의 치욕을 곱씹고 있었던 것일까.
　명가의 그림이 전시된 방에 들어서서 비로소 우리는 굳은 안색을 풀었다. 학림정 이경윤의 그림을 모은 《낙파필희駱坡筆戱》는 음풍농월의 세상을 그렸다. 인생사의 간난신고를 건너 한유한 풍류의 공간에 들어선 것이다. 〈연자멱시도撚髭覓詩圖〉 앞에서 나는 유쾌했다. '연자멱시'란 '수염을 비벼가며 시를 찾는다'는 뜻이다. 거문고를 든 동자를 앞세운 노인은 나귀 등에서 한참이나 턱수염을 비벼대고 있다. 이호민은 제 시에 이렇게 일렀다.

　　수염 비비며 시구를 찾아 고심하느라

나귀 등에 몸이 구부러졌네

버들바람 부는 것도 모르고

다리 서편인지 동편인지도 잊었구나

유몽인은 한 술 더 떴다.

…

수염을 하도 비벼대어 끊어지려 하네

새로운 시를 몇 수나 읊었나

…

시상이 떠오르지 않아 노인은 애꿎은 수염만 연신 만지작거린다. 이를 두고 옛사람은 '고음苦吟'이라 했던가. 하지만 산천경개를 주유하는 선비가 시상이 막힌다면 시재詩才를 탓해야 하는 것 아닌가. 강산은 시인을 속이지 않으니 비 오거나 개이거나 그 자태는 하나같이 시상을 돋운다. 그래서 송나라 양만리는 이렇게 읊었다.

문 닫고 시구 찾는 건 시 짓는 법 아니라네

길을 나서면 절로 시가 생기는 것을

길 나서서도 끙끙대는 노인을 변호할 거리는 없어 보인다. 인조 때 문인 김시진은 꽃 지고 새 우는 경치를 보면서도 시를 못 적는 이유는 단 하나뿐이라고 했다. 그가 남긴 시의 마지막 두 구는 이렇다.

졸다 가다 때로 시상 떠오르지만
산중에 붓 없으니 적을 일도 없을 터

그렇지, 붓이 없다면 모를까, 동자까지 거느린 노인이 지필묵을 챙기지 않았을 리는 만무할 것이니, 안타까울손 수염이여, 주인 잘못 만나 이제 민둥턱이 될 팔자로구나…….

경남대학교가 소장한 데라우치 문고의 일부를 선보인 전시는 특기할 만한 행사였다. 욕심대로 하자면 출품작을 주제별로 세분해 열 번이건 스무 번이건 거듭 전시해도 좋을 터이다. 아쉽기에 다음 기회가 기다려진다. 서예박물관 바깥에 걸린 현수막에는 이 전시회의 제목이 적혀 있다. '시·서·화에 깃든 조선의 마음'이다. 울분과 비탄 그리고 환락과 풍류가 오백 년 조선의 마음을 적셨을 것이다. 세월의 염량이 다르지 않으니 오늘을 사는 후손도 그 마음 한 자락씩 지니고 산다.

속 깊은 선비의 못생긴 그림

　문인화는 문자 속이 깊은 선비의 그림이다. 많은 책을 읽고 깊이 깨우친 뒤에 그린 그림이 문인화다. 흔히 말하는 '문자향 서권기文字香 書卷氣'는 문인화의 요체다. 문자의 향기가 피어오르고 독서의 기운이 흠뻑 배인 그림이라야 잘된 문인화로 쳐준다. 문인들이 그린 이런 그림은 깨끗하거나 맑고 뜻이 높거나 구속에서 벗어나 있다. 때로는 자연에서 느끼는 흥취가 흐벅지게 풍긴다. 그들은 속화된 감정을 멀리한다. 판에 박힌 기술과 때묻은 표현을 뱀이나 전갈 보듯이 피한다. 문인화가는 담담한 색채를 즐겨 쓰고 간략한 필선으로 대상의 흥취를 표현하는 데 만족한다. 문인들이 사군자를 그린 것은 속된 감정을 씻어내기에 딱 알맞은 소재이기 때문이다. 매화는 겨울을 이기며 봄을 알리는 끈기가 있고, 난초는 깊은 산에서 홀로 향기를 피우는 고결함이 있고, 국화는 서리를 맞으면서도 늦게까지 꽃을 피우는 정절이 있고, 대나무는 북풍한설을 견디는 지조가 있다. 선비는 이런 품성을 본받아 처세한다. '매난국죽'을 그리면서 문인은 세상의 풍파를 이겨내는 자신의 세계관을 드러낸다.

  문인화가들은 매난국죽 중에서 난초를 가장 먼저 배우고, 국화를 가장 늦게 배운다. 붓과 먹의 기본을 난초에서 익힌 뒤 까다로운 묘사를 국화에서 완성하는 순서로 나아가는 것이다. 그렇다면 난초는 그리기에 만만한 소재인가. 그렇지 않다. 문인화는 사물의 겉모습을 그리는 것이 아니라 그 속의 의미를 찾아가는 그림이기에 섣불리 덤벼들 대상이 아니다. 난초의 모습은 어떠한가. 난초는 인적 없는 유곡에서 자라며, 맑고 그윽한 향기를 자랑한다. 이는 선비가 은인자중하는 태도를 닮았다. 이것이 난초의 상징이다. 난을 그리는 자세와 기법은 가시세다. 옛글을 보면 난초 그리기에 관한 언급이 있는데 그 내용이 몹시 야박하고 인색하다. '먹은 정품을 쓰고 물은 갓 길어온 샘물을 써라. 벼루는 묵은 찌꺼기를 버리고 붓은 굳은 것이 아닌 순수한 털을 사용하라. 난꽃에 꽃술을 그리는 것은 미인의 눈을 그리는 것이니 급소나 마찬가지다. 꽃술의 세 점은 '뫼 산山' 자의 초서처럼 치고 다섯 꽃잎에 꽃망울은 세 꽃잎만 표현하라.' 이뿐 아니다. 난잎을 그릴 때의 법식이 따로 있다. 단 한 번의 붓질로 그은 것처럼 보이지만 붓이 나아가면서 알게 모르게 세 번 꺾이는 고난도의 곡예를 거친다. 난 그림의 수

칙은 이처럼 어리보기를 겁준다.

 그러나 옛 문인들이 정형화된 난초 그림만 그린 것은 아니다. 가끔 파격적인 경지를 보여준다. 이런 틀 깨기에서 예사롭지 않은 문인의 속살이 드러난다. 청나라의 화가 정섭鄭燮은 난을 그리면서 꽃봉오리 하나만 달랑 그려놓았다. 잎은 아예 그리지 않았다. 난초의 향기를 꽃봉오리에 함축하면서 그 향기를 육화하려는 의지다. 그런가 하면 원나라 왕조에 저항했던 정사초鄭思肖는 뿌리가 고스란히 드러난 난초를 그렸다. 땅속에 뿌리를 묻은 난초는 도외시했다. 이게 무슨 속셈인가. 나라를 빼앗긴 백성은 뿌리 뽑힌 난초와 같은 신세라는 것이다. 가시방석에 앉고 쓸개를 씹듯이 망국의 한을 기억하려는 심지가 엿보인다. 조선의 대학자 추사 김정희는 우리나라에서 가장 파격적인 난초를 그렸다. 그것이 교과서에도 실리는 〈불이선란不二禪蘭〉이다. 그는 "크고 작고 부드럽고 강하고를 따지지 않고 오직 내 취향대로 그릴 뿐이다"라고 말했다. 그는 난초를 그리는 구식에 구속되지 않으면서 강파른 추상의 경지에 올랐던 사람이다.

 이 모든 파격을 훌쩍 뛰어넘는, 세상에서 둘도 없는 기이한 난초 그림 하나를 이제부터 감상해 보자. 이 그림이 난초를 그린 것이라고 말하면 과연 믿을 사람 몇이나 될까. 한눈에 봐도 젖먹이가 크레파스로 장난친 것보다 못 그린 그림이다. 그런데 난초라고? 구도나 형상은 엉망진창이다. 붓이 지나간 자국도 괴발개발이다. 도대체 난초 그림으로 봐 주기 어렵지만 이 그림, 난초가 맞다. 잘 보면 뒤엉킨 먹선 뒤로 희미하게 드러난 붓 자취가 있다. 그게 난초의 꽃이다. 그렇다고 해도 심하다. 모양을 볼작시면 아무래도 난잎으로 봐주기가 힘들다. 덜 말린 고사리 나물, 아니면 주물러놓은 미나리 무침, 뭐 그렇게 보인다고 해도 그린 이가 대거리 하기 쉽지 않은 그림 아닌가. 이것을 일러 파격이라고 한다면 이만한 난 그림의 파격은 눈 씻고 봐도 없을 성싶다.

잠깐 여기서 다른 난 그림 하나를 보고 넘어가자. 흥선대원군 이하응이 그린 난초다. 대원군은 구한말 난초 그림의 일인자로 유명하다. 추사 김정희 이후로는 대원군의 난을 최고로 친다. 왼쪽으로 뻗어나간 하나의 난잎을 보라. 잎에 부드러움과 굳셈이 함께 들어 있다. 외유내강이 이런 것이다. 난잎 위로는 난꽃 몇 개가 수줍게 입을 연다. 아래에 지초를 배치해 화면에 변화를 준 솜씨도 여간내기가 아니다. 난 그림은 무릇 이래야 한다. 대원군은 날렵하게 난초를 그린 뒤 그 아래에 한마디를 적었다. '좋은 사람과 지내는 것은 난초와 지초가 있는 방에 들어가는 것과 같다.' 난초의 고결한 품성을 선인善人에 견준 말이다. 앞서 꽃봉오리 하나만 그렸던 정섭은 난의 고결성에서 한발 더 나아가 난의 자존을 보여주는 시를 남겼다.

봄비와 봄바람에 예쁜 얼굴 씻고서

이하응 | 〈묵란도〉 | 19세기 무렵 | 개인 소장

단 한 번 살던 곳 떠나 인간세계로 왔는데

오늘까지 나를 알아주는 이가 없다면

화분을 깨버리고 다시 산으로 들어가리라

春雨春風洗妙顏 一辭瓊島到人間

如今究竟無知己 打破烏盆更入山

난초의 자존심이 이처럼 하늘을 찌른다. 그런데 저 뚱뚱한 몸매의 같잖은 난초는 어디서 왔단 말인가.

다시 못생긴 난 그림으로 돌아간다. 난초는 두 포기다. 왼쪽의 난은 바로 서 있고 오른쪽 난은 놀랍게도 거꾸로 서 있다. 마침 그림의 제목이 오른쪽 위에 씌어 있다. 〈전도춘풍顚倒春風〉. 그 뜻은 '봄바람에 뒤집히다'다. 화가는 바로 선 난초만 그려도 될 텐데, 굳이 그 옆에 뒤집어진 난초를 끼워넣었다. 심사가 어떠했기에 이처럼 희한하고 괴팍한 난을 그렸을까. 그 흉중을 알려면 먼저 화가가 누군지 살펴봐야 한다.

이 난초를 그린 사람은 청나라의 문인화가 이방응이다. 그는 '양주팔괴'라 불린 화가 무리 중의 한 사람이다. '양주 지역의 괴물 같은 여덟 사람'은 어떤 존재들인가. 한 시절 양쯔 강 하류 지방에 개성 강하고 고집 센 화가들이 모여들던 때가 있었다. 그중에서도 여덟 명의 화가는 요즘 말로, 당대 으뜸가는 '삐딱이'들이었다. 남들 눈치 살피지 않고 흥이 나는 대로 그림을 그렸다. 고운

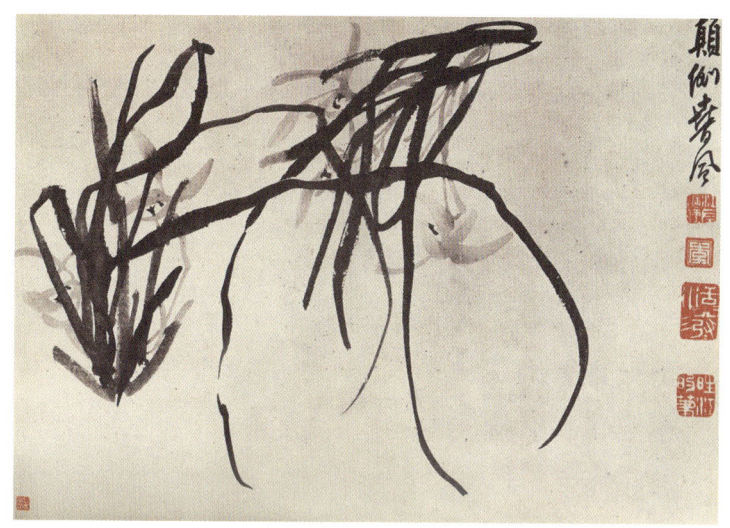

이방응 | 〈전도춘풍〉 | 18세기 | 일본 개인 소장

붓질의 양반스러운 그림이 판을 치는 세상에서 그들은 거칠고 진한 먹과 화려한 색채로 개성을 뽐냈다. 때로는 법도에 없는 격렬한 붓질로 고집스러운 전통과 맞섰다. 그 가운데서도 이방응은 튀는 화가였다. 그는 아버지 덕에 벼슬길에 올랐지만 성질머리가 고약해서 고충을 자초했다. 벼슬살이를 하면서 윗사람의 비위를 자주 건드려 파직당했고, 정부의 토지 개간에 반대하다 감옥살이도 겪었다. 늙고 지친 뒤에야 그는 양주로 흘러들어왔고 그림을 팔아 겨우 끼니를 때웠다. 그는 시대의 이단아였던 셈이다.

이방응의 이 그림은 난초에 대한 고정관념을 뒤엎는다. 난초는 인적 없는 깊은 산골에서 남이 봐주지 않아도 홀로 그윽한 향기를 피우는 꽃이다. 그것이 군자의 은인자중을 닮아 공자도 난초를 무척 사랑했다. 화가들은 그런 난초를 그리면서 스스로 선비나 군자의 도를 깨우쳤다. 하지만 이방응은 이를 깡그리 무시한다. 몰라서 이렇게 그린 것이 아니라 알고도 엇길로 나아갔다. 이방응은 매화를 그릴 때도 꿈속에서 본 매화를 주로 그렸다. 그가 그린 난초 그림에는 깨진 화분에 심어놓은 난초도 있다. 그야말로 별격의 그림만 골라 그린 셈이다. 세상을 뜨면서 남긴 말은 오만하기 짝이 없다. "내가 죽는 것은 하나도 아쉬울 게 없으나 그림을 그리던 내 두 손만은 아깝구나." 그만큼 이방응은 자존심이 강했고, 전통을 벗어나기 위해 몸부림쳤다. 바로 그것이다. 이 뒤집힌 난 그림은 한마디로 '수묵화의 몸부림'이다. 서양으로 치면 '액션 페인팅'인 셈이다. 운필은 어떤가. 신속한 붓놀림이 아니라 질질 끄는 붓질이다. 꽃대와 꽃잎은 엷은 먹으로 처리해 마치 그림자가 진 것처럼 보인다. 난초의 실제 모습을 똑같이 그리겠다는 생각은 애초부터 없었다. 그래서 세련된 맛보다 졸렬한 맛을 풍긴다. 자, 왜 뒤집힌 난인가. 화가의 심회를 헤아릴 단서는 제목을 제외하면 어느 구석에도 보이지 않는다. 이런 것을 보고 '상외기득象外奇得'이라 한다. '형상의 바깥에서 기이함을 얻었다'는 말이다. 그 기이함을 가지고 화가는 무엇을 말하고 싶었을까.

앞서 말한 바대로 그림 제목이 비상하다. 봄바람에 뒤집히다니? 북풍한설도 아니고, 만물이 소생하게끔 도와주는 봄바람에 왜 난이 뒤집힌 것일까. 주범은 봄바람이 맞다. 더께 낀 얼음장을 녹이고 동면한 개구리를 깨우는 기운이 봄바람이다. 봄바람은 희망의 속삭임이다. 그러나 다시 생각해 보자. 다른 한편 봄바람은 인간을 꼬드기기도 한다. 멀리 갈 것도 없다. 봄바람에 잘못 놀아나 신세를 망치는 남녀가 어디 한둘인가. 심약한 자에게 봄바람은 난봉의 유혹이 된다. 이쯤 되면 화가의 속내가 짐작된다. 군자나 선비라고 별종은 아니다. 그들도 다그침과 꼬드김을 겪는다. 초심을 잃은 선비는 추락하거나 뒤집힌다. 난처럼 고매한 기품도 봄바람 한번 잘못 쐬면 망신살 뻗히는 것이다. 이 그림은 뒤집힌 난을 통해 훼절한 선비의 꼬락서니를 욕하고 있는 것이 틀림없다. 이것이 화가 이방응이 들려주는 기막힌 봄소식이다.

   난초에 파격이 있다면 국화에도 파격이 있다. 우선 국화의 본성을 보자. 국화의 덕목은 오연한 성품과 어여쁜 빛깔과 가장 늦게까지 남는 향기다. 국화는 눈맛에 머물지 않는다. 국화는 차나 술로 만들어져 인간의 입맛을 돕는다. 국화는 또한 꽃이 지는 방식에서 미덕의 절정을 보여준다. 오죽하면 송나라의 학자 왕안석王安石과 구양수歐陽脩가 국화의 낙화를 두고 티격태격했을까. 왕안석이 시를 먼저 읊었다.

   황혼의 비바람에 수풀이 어두운데

쇠잔한 국화 떨어지니 온 땅이 황금색이네

黃昏風雨暝園林 殘菊飄零滿地金

이를 두고 구양수가 맞받아쳤다. "모든 꽃이 떨어져도 국화는 말라비틀어질 때까지 가지 위에 붙어 있는데 어찌 떨어졌다고 말하는가." 왕안석은 발끈했다. 그는 이렇게 대꾸했다. "구양수는 '아침에는 난잎에 흐르는 이슬을 먹고, 저녁에는 가을 국화의 떨어진 꽃잎을 먹는다'고 한 옛사람의 글도 읽지 못했단 말인가." 이는 국화의 미덕을 알게 해주는 일화이다. 힘센 비바람에 지지 않을 꽃잎이 있을까마는 국화꽃은 말라비틀어지면서도 가지를 지킨다. 국화꽃은 쇠망을 부끄러워하지 않는다. 오상고절午霜孤節이란 말이 거기서 나왔다.

이제 파격적인 국화 그림을 찾아볼 차례다. 조선 후기의 문인화가인 이인상의 〈병국도病菊圖〉는 쇠잔한 국화의 자태를 그린 그림이다. 그림 한 귀퉁이에 이인상이 쓴 글씨가 보인다. '겨울날 남계에서 병든 국화를 우연히 그리다.' 그 사연을 듣는 일은 잠시 미루자. 전형적인 국화 그림이 어떻게 그려지는지부터 알아야 한다. 국화는 가슴에서 먼저 그려져야 운치가 표현된다고 흔히 말한다. 운치는 어떻게 드러내는가. 꽃은 높고 낮은 것이 있으면서 번잡하지 않고, 잎은 상하좌우전후가 서로 덮고 가리면서도 난잡하지 말아야 한다. 가지는 서로 뒤얽혀 있어도 잡스럽지 않아야 하고 뿌

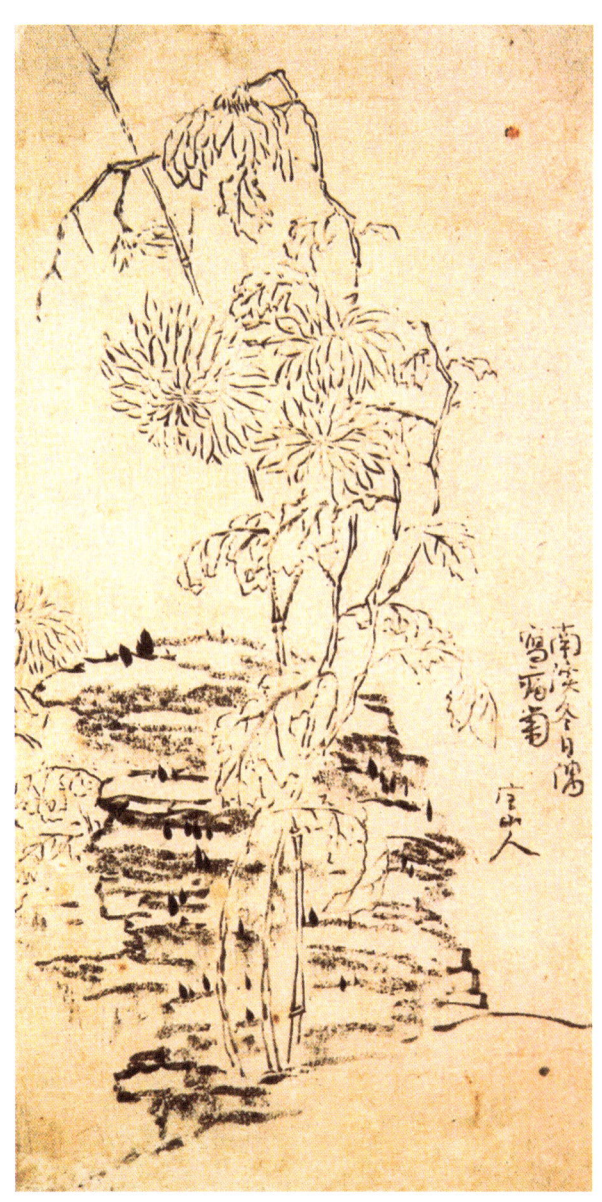

이인상 | 〈병국도〉 | 18세기 | 국립중앙박물관 소장

리는 겹쳐 있으면서도 늘어서지 말아야 한다. 잎은 두텁고 윤기가 있는 게 좋다. 꽃과 꽃술은 덜 핀 것과 활짝 핀 것을 구비하되 만개한 것은 가지가 무거우므로 누워 있고, 미개한 것은 가지가 가벼우니 끝이 올라가는 것이 제격이다. 올라간 가지는 지나치게 꼿꼿해선 안 되고 누운 가지는 너무 많이 드리워선 못쓴다. 이 모두가 운치를 표현하는 기법에 대한 설명이다. 이처럼 국화의 꽃은 매화나 난초에 비해 그리기 복잡하고 어렵다. 자칫하다가는 화가의 무딘 솜씨가 들통나기 쉽다.

 이인상이 그린 국화는 운치와 거리가 멀다. 요즘 활동하는 작가가 그린 그림과 비교해 보면 여실히 드러난다. 한국화가 문봉선이 그린 국화는 대단히 감각적이다. 운치가 생동한다. 꽃잎은 낱낱이 그리지 않고 붉은색이 몽롱하게 번져나가도록 묘사했다. 저 치명적인 에스 라인을 보라. 꼬이면서 올라간 국화 줄기는 교태가 넘친다. 붓을 속도감 있게 움직이면서 먹물을 툭툭 튀기듯이 그려나간 기법은 국화의 야생미를 멋들어지게 전달한다. 그러나 이인상은 어떤가. 그는 물기 없이 바짝 마른 갈필로 국화를 그렸다. 외롭고 쓸쓸한 그의 심사가 손에 잡힐 듯 느껴지는 표현이다. 가지는 비바람을 지탱할 여력이 거의 없어 보인다. 꽃송이들은 어떤가. 하나같이 고개를 꺾은 채 축 처져 있다. 그 자태는 가엾다 못해 가슴이 먹먹하다. 국화 사이로 한 그루 대나무와 겹겹이 놓인 바위가 보인다. 비록 사위어가지만 서릿발 같은 국화의 마지막 기

문봉선 | 〈국화〉 | 2004년 | 개인 소장

상을 대변하기 위해 그런 소도구를 등장시켰는지 몰라도 화면에서 풍기는 이미지는 메말라서 몰락하는 기운이 또렷하다.

참으로 별스럽다. 이인상은 상쾌한 국화를 놔두고 굳이 시름시름 앓는 국화를 찾아냈다. 그는 무엇 때문에 빈사 상태의 국화를 그렸을까. 그가 걸어온 길을 알지 못하고는 이 역시 짐작할 도리가 없다. 학자들은 이인상을 조선 일등의 문인화가로 꼽는다. 산수화는 겸재 정선이 최고이며, 풍속화는 단원 김홍도가 으뜸이라고 말한다. 이인상은 겸재나 단원에 비해 덜 알려졌지만 꼬장꼬장한 문인의 세계를 묘사한 화가로는 그가 앞선다. 이인상의 일생은 불우했다. 시·서·화 모두에 능통하고 뛰어난 학식을 지녔으면서도 증조부가 서출이란 이유로 벼슬은 한미했다. 윗대 집안은 정승 여섯에 삼대에 걸친 대제학을 배출했지만 그는 현감을 지내고 물러났다. 서출의 운명이 앞길을 가로막은 것이다. 평생 가난하게 지내면서도 화분에 심은 매화가 얼어 죽을까 봐 따뜻한 친구 집에 맡겼다가 이듬해 봄날 그림 하나 그려주고 다시 찾아올 만큼 청빈한 삶을 살았다. 아내가 먼저 세상을 버렸을 때, 그는 아내를 기리는 조문에 이렇게 썼다. '그대는 추운 겨울날 땔감이 모자라도 마당의 꽃나무는 베지 않아 나의 측은지심을 살려주었소.' 아내 사랑 못지않게 꽃과 나무를 아끼는 그의 마음을 엿보게 하는 대목이다. 이인상의 병든 국화는 그의 처량한 신세를 비사친다. 평생 속된 것들과 담을 쌓고 살았지만 지나온 길을 돌아보는 그의 눈길은 어쩔 수 없는 회한으로 가득 차 있었을 것이다. 서릿발처럼 고고하고 오만한 국화의 절개를 노래하기에는 그의 삶이 지나치게 우울했다. 그는 시든 국화가 아니라 병든 국화로 자신의 돌이킬 수 없는 처지를 드러낸 것이다.

문인화의 정수라고 해도 좋을 사군자에서 우리는 문인의 속마음을 헤아릴 수 있다. 매난국죽은 한갓 풀과 나무에 지나지 않지만 그것에 의지해서 자신의 심회를 풀어내는 문인의 세계는 간단치 않다. 정형화된 사군자보다 파격적인 사군자에 눈이 오래 머무는 것도 결국 거기에 비상한 문인의 삶이 스며들었기 때문일 것이다.

산 자의 절망은 바다에서 깊어진다

중국 북송시대의 그림은 세로로 된 두루마리가 많고, 남송시대의 그림은 가로로 된 두루마리가 많다. 이유는 간단하다. 북송의 화가는 산을, 남송의 화가는 물을 자주 그렸기 때문이다. 남송의 주무대인 강남땅은 강이 넘쳐흐른다. 따라서 남송의 산수화가들은 물너울을 표현하는 데 적잖은 관심을 기울였다. 열두 폭의 물 그림 〈수도권水圖卷〉을 남긴 남송의 화가 마원馬遠은 물을 어떻게 묘사해야 옳은지, 그야말로 본때를 보여준 화가다. 마원은 지역마다 다른 물굽이, 계절마다 제가끔인 물무늬를 분별해서 묘사한다. 미풍에 일어나는 물방울과 햇살이 빛나는 호수 물결, 거꾸로 흐르는 강의 물살, 바다에서 부딪치는 파랑, 격렬하고 중중첩첩한 파도 따위를 분명한 형태로 나누어 그렸다. 송나라 화가의 격물정신이 유감없이 드러나는 대목이다. 마원에게 '물'은 여상한 움직임이 아니다. 그의 붓끝에서 물은 천변만화하는 존재다. 물의 깊이와 물의 마음을 더불어 깨우친 화가가 마원이다.

우리 옛 그림에서 물을 소재로 한 그림은 그 수가 보잘것없다. 그중에서도 바다 그림은 서양화에 비해 턱없이 모자란다. 흔한 산수화라 해도 산이 주연이고 물은 늘 조연에 그친다. 물은 산에 비해 그리기가 까다롭거나 아니면 싱겁다. 산은 정형인데 물은 비정형이다. 정형이라도 산은 계곡과 능선에 변화가 있어 산은 조형의 다양성을 가능하게 만든다. 비정형인 물은 형태감을 표현하기가 마땅치 않다. 그냥 여백으로 두거나 뻔한 선 처리로 마감한 작례가 수두룩하다. 그렇다고 해도 시냇물과 계곡물, 호수와 폭포, 장강과 대하는 옛 그림에서 산과 짝이 되는 소재로 심심치 않게 어울렸다. 그것은 산수화의 구색을 따져볼 때 어쩔 수 없는 선택이기도 했다. 묘사와 표현의 생동감과는 별개로 말이다. 하지만 바다로 나아간 그림이 손꼽을 정도에 그치는 이유는 딴 데 있다. 제대로 된 바닷물의 모양새를 그려야 하는 까다로움 때문이 아니라 민족의 성정이나 화가의 늘품에서 그 이유를 찾아야 옳다. 바다의 실크로드를 개척한 신라의 장보고는 우리 역사에 자주 등장하는 인물형이 아니다. '해양미술가'로 지칭할 만한 화가는 아예 없다고 해도 과언이 아니다. 게다가 예술가의 풍류라 해봤자 다 고만고만했다. 계곡물에서 탁족을 즐기는 놀이는 옛사람의 일상에서 어렵지 않았겠지만 저 멀리 바다로 배를 저어나가 해양의 환경을 경험하는 행위는 심상치 않아 장삼이사의 다반사로 보기 어렵다. 이를테면 작심하지 않는 한 바다가 그림의 소재가 되는 경우는 드물었고 화가 또한 물노릇이 서툴렀다.

옛 그림 가운데 실재하는 바다를 그린 작품부터 먼저 찾아보자. 서울대규장각이 소장한 시화첩 《관동십경첩關東十景牒》이 눈에 띈다. 전문가들 사이에서 '18세기 진경시대의 지식인 사대부가 남긴 진경문화의 한 예증'이라 일컬어지는 시화첩이다. 만든 이는 강원도 관찰사로 부임했던 김상성이다. 그는 관내 여러 고을을 순시하면서 바다의 승경 열 곳을 골라 지방의 무명화가에게 그림을 그리게 하였고, 그 그림에다 지인들의 시문을 붙여 1748년 첩으로 완성했다. 여기에 실린 그림은 〈죽서루도竹西樓圖〉 한 점을 제외하고 모두 바다를 내려다보는 부감구도로 되어 있다. 이 점에서 《관동십경첩》은 보기 드문 '조선의 바다 그림 모음집'이라 하겠다.

그중 간성 앞바다를 그린 〈청간정도淸澗亭圖〉를 살펴본다. 해가 떠오르는 먼 바다와 가까운 해변의 풍정이 한 화면 속에서 감싸 안긴 구도다. 해변 청간정 곁에 어깨를 맞댄 한 채의 전각이 있고 그 좌우에 꽃나무 속에 파묻힌 마을의 집채들이 보인다. 봄날의 안온한 기운이 바닷가 마을에 바야흐로 서렸다. 청간정 왼쪽 우뚝한 바위 위 세 그루 소나무는 이 작품에서 유독 돋보이게 과장되었다. 화가의 특별한 작의가 머문 듯하다. 마을의 산세는 말발굽처럼 생겼다. 산 아랫도리를 향해 파고드는 흰머리 물너울은 옛

작자 미상 | 〈청간정도〉 | 18세기 | 서울대규장각 소장

화보에 나오는 흔한 수파법으로 그려졌다. 먼 바다는 어떤가. 붉은 머리 테를 두른 해는 지금 막 떠오르는 순간일 터인데 오히려 파도에 둥둥 떠밀려가는 모습이다. 갈매기는 바다 위를 날거나 물결에 안착했고, 돛단배는 봄날의 가녀린 물이랑을 따라가다 정처를 잃어버린 형국이다.

이 그림은 간성 바다의 실경이긴 하되 보는 이의 흥취를 위해 장면을 재구성한, 예컨대 연출의 재주를 잔뜩 버무려넣은 작품이다. 다시 한번 화면을 보라. 자연은 인간과 상생하려 하고 물은 땅과 다투지 않는다. 마치 풍수지리에서 말하는 복지의 이상경을 펼쳐놓은 듯 화가의 충일한 행복감이 고스란히 화면 밖으로 전달된다. 이 그림에 당대의 시인 조하망이 영탄시를 부쳤다.

…

바다와 골짜기의 절경 모두 아름답고
천지의 원대한 기세 이처럼 당당하구나

…

비굴하고 다투는 무리들이
여기서 바라보며 마음 넓혔으면 하네

시인의 간구와 화가의 희원은 일치한다. 곧 드넓은 바다와 천지의 기세를 눈여겨본다면 어찌 세속의 지지고 볶는 일상이 덧없

심사정 | 〈선유도〉 | 1764년 | 개인 소장

는 것이 아닐 수 있겠느냐는 속내이다. 〈청간정도〉의 바다는 어울림의 이미지가 지배하고 있고, 평화와 화해의 메시지를 보란듯이 드러내고 있다.

다음으로 화가의 마음속 바다를 그린 작품 하나를 구경해 보자. 〈청간정도〉보다 십여 년 뒤에 그려진 〈선유도船遊圖〉는 심사정의 작품으로 뱃놀이하는 광경을 그린 것이다. 특정한 지역이나 명승을 택해 있는 그대로 묘사한 실경화가 아니라서 화흥이 도도하게 넘치는 작품이다. 〈청간정도〉의 순진한 아마추어리즘이 〈선유도〉에는 없다. 전문가다운 기술이 있을 뿐이다. 한마디로 화면은 바닷물에 흠뻑 젖었다. 격노한 바다는 일엽편주를 뒤집어엎기라도 할 양 화급한 소용돌이로 선비들을 겁준다. 노를 젓는 사공의 힘에 부친 몸짓이 애처롭다. 그럼에도 두 선비는 태연자약하다. 들며나는 바다를 보며 "그래, 어디 한번 놀아보자꾸나" 한다. 조각배 주위를 맴도는 파도의 묘사는 〈청간정도〉의 화평한 물결과 정반대다. 역동적인 운동감이 생생하고 박진감이 넘친다.

《개자원화전芥子園畵傳》은 동양화 공부에 필요한 이론과 실기를 자세히 소개한 17세기 청나라 초기의 미술책이다. 거기에 바다의 파도를 그리는 법이 한 대목 나온다. '산에 기봉이 있듯이 물에도 기봉이 있다. 사나운 바람이 불어 젖히면 큰 물결이 산을 밀쳐내듯 일어나고, 바다에 달이 처음으로 뜨는 곳은 백마가 달리는 듯 조수가 움직인다. 이때 바라보이는 것은 험준한 산 아닌 것이 없다. 이것이 물의 기봉이다. 옛날 당나라의 오도현은 물을 그리면 밤새 물소리가 났다고 하거니와 이는 물을 그렸을 뿐만 아니라 바람까지 잘 그렸기 때문이다. 송나라 물 그림의 독보인 조인희가 물을 그리면 온갖 물이 곡절하며 흘러서 조금도 어지러움이 없었는데, 이는 바람을 그리는 데 그치지 않고 바람의 힘을 빌리지 않은 겹친 물결을 그렸기 때문이다. 여기까지 가면 물을 그리는 데 있어 할 일이 끝난 셈이다.' 줄이자면, 파도는 험산의 봉우리처럼 그리라는 주문이다. 현재 심사정의 수파도 그에 버금간다. 화면 위쪽을 가로지르는 파도는 그 아래 해무 위에 붕 떠 있어 작은 작품 속에서도 드넓은 바다의 둘레를 짐작하게 한다. 화면을 경영하는 심사정의 솜씨는 노련한 조형적 속셈에 얹혀간다.

흥미로운 건 작품 속에 등장하는 자잘한 소재들이다. 화가의 문학성을 가늠하게 만드는 소품이기는 하지만 얼른 보면 우스꽝스러운 기물처럼 여겨진다. 배에 실려 있는 것들이 바로 그렇다. 화병에는 붉은 꽃가지가 꽂혀 있다. 멋들어지게 휘감긴 한 그루의 오래된 매화와 어디서 날아왔는지 알 수 없는 학 그리고 서안 위에 놓인 두 꾸러미의 서책도 보인다. 게다가 오수를 즐기는 데 쓰일 '간이용 텐트'까지 탑재했다. 아무리 한가한 유람이라고 해도 파도와 싸워야 할 차림새로는 도무지 어울리지 않는 것들이다. 이 때문에 심사정의 낭만은 비현실적인 것처럼 오해받을 수 있다. 심사정은 험하긴 해도 한번쯤 짓치고 나아갈 만한 파도를 묘사한다. 아닌 게 아니라 그의 바다는 집어삼키는 물이기도 하지만 노닐며 품어주는 물처럼 보이기도 한다. 선비들의 턱없는 낭만성은 파도가 험난할수록 증폭되는 느낌이다. 그러나 바다로 나아가본 사람은 안다. 인간이 얼마나 초라한 존재인지. 저어도 저어도 수평선은 끝이 보이지 않는다. 쉬 감득하기 어려운 삶의 지평인 양 아득하다. 살아 있는 자의 절망은 바다에서 더욱 깊어진다. 그러나 어찌하겠는가. 살아 있는 동안은 저어나갈 수밖에 없는 것이 인생인 것을. 우리 옛 그림 속 바다 풍경은 흔치 않은 소재이긴 하다. 하지만 몇 점 안 되는 작품으로도 미루어 알 수 있다. 바다는 속진俗

塵을 씻어내며 마음을 넓히는 완상의 대상이었고 인생살이의 흥겨움과 고단함을 깨우쳐주는 반려였다.

봄날의 상사相思는 말려도 핀다

   혜원 신윤복의 그림에 비해 단원 김홍도의 그림에는 남녀의 질편한 수작이 없다. 단원의 《풍속화첩風俗畵帖》은 진솔한 민중성으로 발랄하다. 벗은 여인 엿보기가 나오는 〈빨래터〉에서조차 여색의 교태는 보이지 않는다. 방망이를 힘차게 두들기고 빨랫감을 쥐어짜는 여인을 두고 포한을 푸는 시김새로 읽는 것은 억지다. 그것은 가사와 놀이가 합치된 아낙네의 흥겨운 복받침이다. 혜원이 〈단오풍정端午風情〉에서 묘사한 여인들의 농염한 상반신과는 결이 다르다. 이를 훔쳐보는 갓쟁이 사내도 합죽선으로 얼굴을 덮어 흉스러움을 가린다. 혜원이 동원한 동자승들은 시시덕거리며 여인의 육체를 눈으로 더듬었다. 단원의 〈행려풍속行旅風俗〉에 나오는 남녀 조우 장면도 하나같이 남자는 부채로 얼굴을 가리며 내외한다. 거기에 에로스를 들이미는 짓은 남우세스럽다.

김홍도 | 〈우물가〉 | 18세기 | 국립중앙박물관 소장

그래도 단원의 〈우물가〉에는 민촌 여인의 수굿한 떨림이 있다. 여인이 건넨 두레박 물을 게걸스럽게 마시는 사내는 파락호에도 못 미치는 장돌림 떨거지다. 낮술깨나 퍼마신 듯 웃통을 열어젖힌 사내의 용모에서 수컷의 매력은 눈 씻고 봐도 안 보인다. 사내의 부수수한 가슴털이 민망한 듯 두레박 끈을 하릴없이 만지작거리며 고개 숙인 여인은 이 상황이 아주 고린 기색이다. 그러나 두레박을 건넨 뒤 고개를 애서 돌린 채 수줍은 미소를 머금은 또 다른 한 여인, 그녀 표정에서 가녀린 도화색이 느껴지는 건 왜일까. 저 표정을 '떨림'이라고 표현하면 수컷의 자의가 될 것인가. 단원은 노골화하지 않았을 따름이지 남녀의 만남이 주는 천생의 이끌림조차 외면하는 화가는 아니었으리라. 이를 에로스라 부르기에는 열없다 해도 설미지근한 정마저 도리질하지는 못한다.

단원의 장기는 은유에 있다. 에로스와 관련 있는 그림인지 얼핏 봐서 잘 모른다. 이를테면 간송미술관 소장품인 〈연꽃과 잠자리〉가 그렇다. 화조초충도에 무슨 에로틱한 곡절이 있을까. 연꽃은 가장자리가 붉고 염려한 색태다. 화판 속의 꽃밥이 공교롭다. 이 묘사는 조지아 오키프의 천남성 꽃보다 여성의 그것에 더 가깝다. 연꽃 위를 나는 잠자리 한 쌍은 한창 짝짓기에 열중한다. 성행위가 이처럼 귀엽고 사랑스럽다.

혜원은 뻔뻔한 직유의 고수다. 그의 〈기방무사妓房無事〉는 참으로 무람없다. 탕건 차림의 바람둥이가 안방에서 몸종과 수상쩍은

김홍도 | 〈연꽃과 잠자리〉 | 18세기 | 간송미술관 소장

짓을 하다 돌아온 기생에게 딱 걸렸다. 이불로 사내의 아랫도리를 얼른 감춘 몸종이 황망 중에도 아무 일 아니란 듯 손사래 치는 꼴은 가소롭다. 요즘 말로 그들은 '신체 일부를 이용한 유사 성행위'를 하다 들킨 것이다. 누가 붙였는지, '기방에 아무 일 없었다'는 제목은 더구나 홍소가 터질 일이다.

단원과 혜원의 에로스를 말하면서 그들의 춘화첩을 밀쳐버리면 맥 빠지는 짓이다. 춘화는 '春花'가 아니고 '春畵'이지만, 춘화 없는 에로스는 꽃을 빼고 봄을 노래하는 것만큼 싱겁다. 하지만 나는 그들의 춘화를 빼련다. 땀내 물씬한 육욕이 낯 뜨거워서가

신윤복 | 〈기방무사〉 | 1805년 | 간송미술관 소장

아니다. 싱겁더라도 자극을 걷어낸 담박한 맛이 단원과 혜원 에로스의 삼상한 풍미다. 운을 뗐으니 아퀴는 짓고 가자. 민간에 회자되는 두 화가의 춘화첩은 어떤 그림인가. 다들 음화적 요소가 짙다. 방자한 성희가 난무한다. 젊은이들의 갈급한 색정이 있는가 하면 늙은이들의 안쓰러운 회춘이 있고, 귀천이 거리낌 없이 몸을 섞는 짓거리에다 불륜의 교접이 보란 듯이 자행되는가 하면, 되바라진 관음과 이른바 '쓰리섬'이라는 변태성 체위도 일찌감치 선보인다. 조선의 숨 막히는 금줄을 뛰어넘은 관능이 그림을 가득 채운다. 에로스는 눌리지도 막히지도 않는다. 그 명백한 증거

가 이들 19세기 초반의 춘화다. 단원과 혜원의 춘화첩은 유감스럽게도 후낙後落이다. 후대 인물이 그림 속에 두 사람의 이름을 넣은 것이다. 필치를 따져 화가의 신원을 수배하는 일은 내 몫이 아니니 그냥 넘어가련다.

음화가 키치에서 맴돈다면 춘화는 서정에 가깝다. 본시 춘화는 춘의와 춘정을 형상화한다. 춘의는 만물이 피어나려는 뜻이고, 춘정은 그 뜻을 좇는 정취다. 춘의와 춘정은 남녀의 에로스적 욕구에 터를 두되 봄의 서정을 따라간다. 춘화가 서정성의 품에서 노니는 연유가 그것이다. 봄은 덧없다. 오는 듯 가버린다. 그래서 봄은 짧디짧은 황홀이다. 꽃은 황홀경 속에서 핀다. 꽃이 피면 그리움이 맺힌다. 당나라의 시 잘 짓는 기생 설도薛濤는 「봄 바라는 노래」를 지었다.

> 꽃이 펴도 함께 즐길 수 없고
> 꽃이 져도 함께 슬퍼하지 못하니
> 임 계신 그곳 묻고 싶어라
> 꽃이 피고 꽃이 질 때는
> 花開不同賞 花落不同悲
> 欲問相思處 花開花落時

한 줌의 재로 사위어가도 봄날의 상사는 누가 말려도 핀다. 봄의 짧은 황홀이 있어 추레한 인생을 견딘다. 단원과 혜원의 에로스는 '임 계신 그곳 묻고 싶은' 마음에 담긴 아찔한 유혹이다.

조선 백자 달항아리

18세기 〈조선 백자 달항아리〉는 창작 끝에 나온 작품이 아니다. 도공의 손길을 거쳤지만 일부러 꾸미지 않고 자연스러우면서도 아름다운 자연의 숨결이 느껴진다. 흙과 불의 예술인 도자기는 그래서 작위가 아닌 무위의 소산이다. 항아리 표면을 눈여겨보라. 얼룩진 무늬가 호수 위를 떠다니는 오리를 닮았다. 먹을 풀어 칠하고 색을 찍어 바른다고 저런 무늬가 나올까. 무늬라니, 가당찮은 말이다. 세월이 지나면서 절로 우러나온 흔적이다. 지극한 연주는 소리가 없다. 그러니 굳이 손가락을 놀릴 것인가. 지극한 표현은 무늬가 없다. 그러니 파고 새기는 수고를 치르겠는가. 그저 그러하게끔 순산한 것이 달항아리다.

조선의 달항아리를 조선인보다 사랑한 이방인이 있었다. 그이는 영국의 세계적인 도예가 버나드 리치Bernard Howell Leach다. 그

〈조선 백자 달항아리〉 | 18세기
삼성미술관 리움 소장

는 일본에서 동판화를 공부하다 조선 도자기에 매료되어 도예가로 전향했다. 1912년 일본 우에노박람회에서 조선 도공이 만든 도자기를 본 그는 그 자리에서 얼어붙었다고 한다. 그는 청화백자의 유려한 빛과 마주한 채 탄식했다. "이런 빛깔을 낼 수 있다면 세상은 얼마나 행복할까." 조선 다완의 일그러진 굽을 처음 보았을 때는 느닷없이 무릎을 꿇고 절을 올렸다. 한 점 욕심도 부리지 않은 도공의 마음씨에 감격한 까닭이다.

리치는 일본 도자기보다 조선 도자기가 위대하다고 주장했다. 일본 도예가들에게 당장 조선의 흙과 유약을 구하러 가자고 성화를 부릴 정도였다. 그는 조선에 건너와 본격적으로 도자기를 조사했고, 1935년에는 서울에서 도예전을 열었다. 서울에 머무는 동안 그는 달항아리 하나를 샀다. 항아리를 들고 가며 "나는 행복을 안고 간다"는 말을 남겼다. 그 달항아리는 제자가 간직하다 훗날 리치의 부인에게 돌아갔다. 그 뒤 리치의 후손이 경매에 내놓았고 지금은 대영박물관의 소장품이 되었다.

달항아리는 대개 높이와 지름의 비율이 일 대 일이다. 키가 사십 센티미터나 되는 것도 있다. 만들 때는 두 개의 큰 사발을 따로 만들어 아래위로 붙인 뒤 가마에 넣어 굽는다. 그래서 가마에서 나오면 이음매가 살짝 기울거나 주둥이가 이지러진다. 몸뚱이는 반점이 죄다 드러나고 얼음에 금이 간 것처럼 빙렬이 생긴다. 세월을 거치며 흠집은 남고 손때가 덧붙는다. 이것은 달항아리가 견뎌낸 시간의 풍상과 같다. 달항아리는 인간 한살이의 애틋한 자취처럼 여겨진다. 오랜 세월 이 사람 저 사람 손에 옮겨 다녔을 저 〈조선 백자 달항아리〉 역시 인생유전의 드라마를 간직하고 있다.

한국의 도예가 김익영은 뉴욕대학교에서 리치의 특강을 들은 적이 있다. 강의 마지막 날, 리치는 이렇게 말했다고 한다. "조선 도자기가 아름답다고 느낀다면 공부가 끝난 것이다." 리치는 덧붙였다. "도자기를 아예 모르는 사람은 중국, 일본, 조선 순으로 좋다고 한다. 조금 아는 사람은 중국, 조선, 일본 순이라고 한다. 도자기를 제대로 아는 사람은 조선, 중국, 일본 순이라고 말한다."

게걸음 하는 사람

내가 일하는 학고재에서 기획전이 열리는 통에 구경 나온 친지들 치다꺼리하느라 보름 넘게 발품과 입심을 팔았다. 구한말을 지나 일제강점기에 이르는 세월 동안 제작된 우리 그림과 글씨 일백여 점이 나온 전시였다. 반딧불과 성냥불이 더불어 밤을 밝히던 저 아스라한 근대의 추억이 출품작마다 서렸다. 다들 사연 많은 작품인지라 아는 관객들은 그림 뒷이야기 한 토막이라도 더 듣고자 내 소매를 잡아끌었다. 전시가 끝난 뒤 몇 분이 전화해서 소감을 말했다. 나는 어안이 벙벙했다. "대원군 난초와 김옥균 글씨의 뜻이 좋다지만 나는 '게 그림'이 가장 맘에 들어."

내가 게 그림 앞에서 유독 잡설을 늘어놓긴 했다. 하여도 알토란 같은 작품을 밀치고 게를 보며 반색한 분들의 심사는 알 듯 모를 듯하다. 전시에는 두 화가의 게 그림이 나왔다. 양기훈과 지창

양기훈 | 〈횡행사해도〉
19세기 | 개인 소장

한, 둘 다 이북 출신 작가다. 재미있다면, 이들이 게를 그린 뒤 붙인 글이 똑같다는 점이다. 이렇게 썼다.

> 껍질이 딱딱하고 집게는 뾰족해서
> 온 바다를 옆걸음 치며 가네
> 被堅執銳 橫行四海

옛 화가가 게를 그릴 때 작심하는 뜻은 흔히 '과거급제'다. 등딱지[甲]에서 '장원'을 떠올려보라는 수작이다. 두 작가의 속내도 어금지금한데, 그들은 제시에서 한 발 더 나아갔다. 거기에 게의 딴 이름이 숨어 있기 때문이다. 곧 '무장공자無腸公子'와 '횡행개사橫行介士'다. 게의 본성에서 따온 이 별칭은 내력이 기발하다.

먼저 '무장공자'를 보자. 남도 사투리로 할작시면 '창시 없는 아그'다. 딱딱한 껍질은 갑옷이요 뾰족한 집게는 창에 비유되니, 겉보기는 용맹한 무사와 빼닮았는데 막상 속을 까보면 창자가 없다. 배알 빠진 떠꺼머리 꼴이다. 창자가 빠지면 영판 실없는 꼬락서니가 될까. 천만에, 외려 남부러운 장점이 생긴다. '창자가 끊어지는 설움'을 모른다는 것. 미물에게 그나마 '공자'라는 점잖은 신분을 안겨준 연유가 그것이다.

게 그림을 그린 두 화가와 같은 시대를 산 학자 윤희구는 그래서 '공자는 창자가 없으니 진정 부럽구려. 평생 단장의 아픔을 모를 터이니'라고 읊었다. 정초에 이별수를 뽑은 관객이라면 게 그림이 부러웠을지도 모르겠다.

다음으로 '횡행개사'는 '기개 있는 옆걸음질의 무사'란 뜻이다. 김시습은 《금오신화金鰲新話》에서 게를 '곽郭개사'라고 부르는데, 이 역시 걷는 모양에서 따온 지칭이다. 또 단원 김홍도는 게 그림에 '용왕 앞에서도 옆걸음 치네'라고 써넣었다. 게는 게걸음을 할 뿐인데 사람들 눈에는 모두가 '예스'라고 할 때 혼자 '노'라고 하는 존재처럼 보였나보다. 게는 강골의 이단아가 되었다.

이런 이미지가 문예를 넘어 정치에 등장하는 것을 나는 지난해 영양 서석지에 가서 알았다. 서석지는 광해군의 서슬을 피해 영양에 은거하던 석문 정영방이 조성한 연못이다. 석문의 주손이 건네준 자료를 뒤적이다가 예화 하나를 찾았다. 석문은 우복 정경세의 제자다. 스승과 제자 모두 퇴계의 학통을 이었다. 인조반정 뒤에 판서를 지내던 우복이 석문을 조정에 천거했다. 고민하던 석문이 우복에게 편지와 선물을 보냈다. 편지에는 이렇게 씌어 있었다. '저는 본성이 옹졸해 남과 화합하지 못하니 벼슬에 머물지 못합니다'라고 씌어 있었다. 우복이 선물꾸러미를 풀었더니 바닷게 한 마리가 나왔다. 우복은 얼른 알아차렸다. "비켜 걷는 생물을 보냈구나. 나마저 정치에서 물러나란 뜻이군."

사연이 얄궂어서일까, 시절이 하수상한 탓일까. 게 그림이 마음에 와닿은 까닭이 있을 터인데 속없이 사는 게 나은지 시속을 거스르는 게 옳은지, 나는 모른다. 다만 게 한 마리 받아야 할 사람들이 수두룩한 것은 내 눈에도 보인다.

좀팽이들은 물렀거라

조선 후기 화가 임희지는 얼굴이 잘났고 노는 짓이 풍류에 넘쳤다. 벼슬이라고 해보았자 역관을 지낸 중인 출신이지만 배포가 커서 행실이 거침없었다. 친구와 더불어 뱃놀이를 나갔다가 거친 풍랑을 만나자 다른 이들은 하얗게 질렸는데, 그는 나뭇잎만 한 배 안에서 덩실덩실 춤을 추었다. 기겁한 친구들이 붙들어 앉히며 나무라자 그는 도리어 큰소리쳤다. "죽음이야 언제든 닥칠 수 있지만 이런 장쾌한 광경은 평생 처음 본다. 어찌 춤을 안 추고 배기겠는가."

그는 통 큰 행보에 걸맞게 남이 헐뜯는 말에 개의치 않았다. 다 찌그러진 집에 살면서도 손바닥 크기의 마당에다 연못을 팠다. 물이 나오지 않자 그는 쌀뜨물을 채워놓고 밤마다 쳐다보았다. 누가 의아해서 물으니 그는 천연덕스럽게 대답했다. "달이 물의 낯짝

임희지 | 〈노모도〉
1817년 | 삼성미술관 리움 소장

을 가려가면서 비추던가." 임희지의 호가 그래서 '수월헌水月軒'이다. 그는 한마디로 기인이었다.

임희지가 그린 희귀한 동물화가 있다. 제목이 〈노모도老貌圖〉다. 중국의 지리서《산해경山海經》에 나오는 '모貌'는 상상의 동물이다. 이놈은 부엌에서 음식을 훔쳐먹다가 나중에 부엌을 지키는 신으로 등극했다. 일종의 '부엌시니'라고 할까. 임희지는 모를 개처럼 그렸다. 화면 아래위로 길게 묘사된 모는 치켜든 꼬리를 좌우로 흔들고 있다. 몸은 시커먼 털북숭이고 발톱은 호랑이처럼 날카롭다. 눈은 동그랗게 치켜뜨고 코와 혀는 붉은색인데, 귀 주변의 털이 부숭부숭한 모습에서 무섭기보다 외래종 애완견 같은 귀염성을 보인다. 이 그림은 지두화다. 붓 대신 손가락과 손톱으로 그렸지만 노련한 기량이 엿보인다. 상상의 동물이라 해도 마치 세상 어느 구석에선가 어슬렁거리며 돌아다닐 것 같은 생생한 느낌을 안겨준다.

임희지는 대나무와 난초 그림에 일가견을 보였다. 그 솜씨는 당대 예림의 총수라 불리는 표암 강세황과 겨룰 정도다. 그의 난초 그림은 날렵하거나 아당을 떤다. 미색이 출중한 여인의 둔부처럼 아찔한 모습의 난초도 그렸다. 아닌 게 아니라 그는 난초 같은 여인을 소실로 삼았다. 지인이 그의 축첩행위를 비난했을 때, 그는 참으로 능청스럽게 대꾸했다. "집에 꽃밭이 없어서 방 안에 꽃 한 송이 들여다 놓았네." 그런 그가 무엇에 쓰려고 이런 흉측한

괴물을 그렸을까. 화면 상단에 그가 적어놓은 글이 보인다.

    높은 집에서 요리하는 도마를 삼엄하게 지키고
    크게 짖고 움직여 온갖 귀신 쫓아낸다

호탕하고도 어기찬 임희지는 걸물이었다. 세상의 데데한 좀팽이들은 다 물리치고 싶지 않았을까.

와사비 대신 버터

　반 고흐가 그린 〈일본 여인-오이란〉은 온통 왜색으로 치장한 작품이다. 한국에서 〈기생〉이란 작품명으로 알려진 이 그림은 에도시대 목판화인 우키요에浮世繪를 본 딴 것으로 반 고흐의 '일본 예찬'을 노골적으로 드러낸다.
　오이란은 그림 속 여인을 가리킨다. 한문으로 '화괴花魁'다. '꽃의 우두머리'로 번역할 수 있는 화괴는 매화의 별칭이지만, 에도시대 오이란의 직업은 유녀遊女다. 게이샤는 기예技藝를 팔았고, 오이란은 몸을 팔았다. 그들은 복색에서 차이가 난다. '오비'라는 기모노의 넓은 띠 매듭이 앞에 있으면 오이란, 뒤에 있으면 게이샤다. 비녀처럼 꽂은 수식이 요란하면 오이란이다. 반 고흐는 우키요에 작가 케이사이 에이센浮帝英泉의 〈오이란〉을 그대로 모사했다.
　무슨 바람이 불어서 반 고흐는 일본 그림에 혼을 빼앗겼을까.

반 고흐 | 〈일본 여인-오이란〉 | 1887년 | 반 고흐 미술관 소장

우키요에는 현세의 덧없는 유락거리를 묘사한 속화로, 가부키 배우나 거리의 여인, 명승경개 등을 소재로 한 그림이다. 일본은 개항 이후 유럽과 교역하며 수출품을 보낼 때 포장지나 완충지로 우키요에를 사용했다. 19세기 프랑스 화단을 풍미한 인상파 화가들은 우키요에의 과감한 구도, 선명한 색깔, 날렵한 선묘 등에 반해버렸다. 마네, 모네, 드가, 르누아르 등 인상파라면 누구라 할 것 없이 앞다퉈 우키요에를 베끼는 데 열중했다. 반 고흐는 이런 일본 그림을 보고 몸살을 앓았다.

그가 남프랑스 아를에 머물 때 쓴 편지를 보면 어지간한 '친일파'는 저리 가라다. '이 찬란한 햇빛 아래에 서니 나는 일본 화가가 된 기분이다. 그들처럼 사물을 보는 방식이 달라지고 싶다. 그들은 눈 깜짝할 사이 그림을 그린다. 섬세하면서 단순하다. 내가 한 시간 안에 데생을 완성한 것도 그들 덕분이다.'

〈일본 여인-오이란〉 한 작품에 그친 것도 아니다. 반 고흐는 우키요에가 밑받침이 된 작품을 수도 없이 그렸다. 안도 히로시게(安藤廣重)의 작품을 모사한 〈빗속의 다리〉 〈꽃 피는 자두나무〉가 있는가 하면, 〈탕기 영감의 초상〉에서는 배경을 온통 우키요에로 도배하다시피 했다. 이른바 '일본 열병'을 앓았다고 해도 과언이 아니다. 심지어 〈자화상〉에서는 자신을 일본 승려처럼 묘사하기도 했다.

〈일본 여인-오이란〉은 퓨전의 어색한 느낌이 있다. 목판화를 유화로 그린 탓인지 와사비의 톡 쏘는 맛 대신 버터의 기름기가 흐르고, 날카로운 판화의 칼질보다 둔탁한 붓질이 눈에 띈다. 오이란 뒤로 펼쳐진 배경은 전형적인 동양화의 구성을 따랐다. 대나무와 갈대가 있는 호수에서 뱃놀이 하는 인물, 수련 위에 올라탄 개구리 뒤로 학 두 마리가 서 있는 장면은 옛 그림을 늘 봐온 우리 눈에 익숙하다. 반 고흐는 이런 풍경이 퍽 신기하고 낯설게 보인 모양이다. 개구리와 학은 19세기 프랑스에서 창녀의 속어로 쓰였다고 한다. 몸을 파는 오이란을 그리며 개구리와 학을 배치한 반 고흐의 속셈은 알려진 바 없다. 우리 눈에 뻔한 작품을 도리어 신기하게 여기는 것은 뒤바뀐 시공이 던진 아이러니라고나 할까.

캐보나 마나 자주감자

　두 여인이 입은 드레스는 정교하고 화려하다. 허리 위의 색감은 백색에 가까워 세상의 티끌에 물들지 않은 순결을 과시한다. 장식은 어떠한가. 장인의 세공 솜씨가 치밀하다. 목 뒤로 부챗살처럼 펼쳐진 칼라는 후광처럼 얼굴을 도드라지게 만든다. 활짝 핀 꽃 같은 이 장식은 '메디치 칼라'로 불리는 17세기의 전형적인 왕실 귀족 차림새다. 어깨에서 흘러내린 소매는 너무 풍성해서 기형처럼 보인다. 우스꽝스러운 복식이지만 당대의 패셔니스타가 아니면 소화하기 어려운 엘리트 풍의 디자인이다.
　화려한 옷차림으로 정면을 응시하는 이 여인들은 도대체 누군가. 두 여인은 매우 닮았다. 얼굴만 닮은 것이 아니라 옷이 닮고, 아기를 안고 있는 품새가 닮고, 심지어 아기의 얼굴까지 판박이다. 한 사람을 그린 뒤 한 사람은 붕어빵 찍어내듯 복사한 것처럼 보일 정도다. 이들은 과연 실존한 인물이기나 한 건가. 1600년대 초 영국에서 제작된 이 작품은 그린 이의 이름이 밝혀지지 않은 초상화다. 제목은 〈콜몬들리 자매〉. 가로 백칠십 센티미터가 조금 넘는 캔버스에 유화로 그려졌고, 현재 런던 테이트갤러리에 소장되어 있다.

이름이 콜몬들리라고 하니 당연히 실제 인물인 것이 맞다. 두 사람은 자매다. 궁금증은 그림 왼쪽 아래 치마에 파묻힌 듯 적힌 깨알 같은 글씨를 해독하는 순간 풀린다. "콜몬들리 집안의 자매. 같은 날 태어났다. 같은 날 결혼했다. 같은 날 아이를 낳았다." 자매는 일란성 쌍생아였다. 한날한시에 태어난 이들은 하는 짓이 똑같았다. 이목구비는 말할 것 없고 표정도 거울에 비친 듯했고 안거나 서거나 한 사람 시늉이었다. 결혼식을 같은 날 올린 것도 기이한 인연이다. 신랑은 물론 달랐다. 이 쌍둥이의 희한한 시나리오는 출산에서 완성된다. 아기까지 생일이 같았다. 놀라운 건 따로 있다. 아버지가 다른데도 생김새는 닮은꼴이라는 것.

신원 미상의 화가는 장안에 퍼진 콜몬들리 자매의 이야기를 들은 모양이다. 부리나케 화구를 챙겨들고 전대미문의 스토리를 간직한 이들 자매를 찾아가 모델로 앉혔을 것이다. 포즈를 따로 요구할 필요도 없었다. 그들은 하던 짓 그대로 소파에 앉아 아기를 안았고 조금은 들뜬 낯빛으로 정면을 바라보았다. 얼른 보면 그림은 소녀들이 좋아할 만한 순정만화의 분위기가 강하다. 복색의 치

작자 미상 | 〈콜몬들리 자매〉 | 17세기 | 런던 테이트갤러리 소장

장이 그렇고 선묘의 자세함이 그렇다. 영국 여왕 엘리자베스 1세가 재위하던 시절의 초상화들은 대부분 정밀한 묘사에 바탕을 둔 섬세 화려한 장식미를 보여준다. 그래서 '엘리자베스 스타일'이란 별칭이 붙은 이런 기법이 화단을 풍미했다.

그냥 넘어가기는 아쉬우니 한마디 덧붙이자. 눈 밝은 이라면 두 사람의 묘사에서 차이점을 발견할 것이다. 목걸이가 다르고 메디치 칼라의 수식이 다르다. 가슴의 자수도 같지 않다. 아기의 입술 아래 모양도 다르다. 더 있지만 독자들이 숨은그림찾기하듯 찾아보기 바란다. 다만 화가가 이색적인 소재의 별스러움만 강조하기 위해 이 그림을 그렸을까 하는 의문은 남는다. 이들 쌍둥이 자매의 정체성은 기묘하다. 그래도 자주꽃 핀 감자는 캐보나 마나 자주감자라고 해버리면 쌍둥이의 독자성이 서운할지 모른다. 화가는 '같은 것에서 다른 것 찾기'를 넌지시 권한 것이 아닐까.

애틋한 자매

 첫째, 계통이 같다. 둘째, 밀접한 사이다. 셋째, 친선 관계가 있다. 이 세 가지 사항을 충족시키는 단어는? 사전을 찾아보면 답은 '자매'라고 되어 있다. 자매는 알다시피 언니와 동생 사이를 일컫는 말이다. 같은 계통에 속하는 건 의심할 여지가 없다. 하지만 밀접하거나 친선 관계에 있는 사이를 굳이 '자매'로 한정하는 이유는 무얼까. 형과 아우를 가리키는 '형제'나 오라비와 누이를 이르는 '오누이'는 왜 안 되는가. '자매'만 그런 뜻을 지닌다는 게 오히려 이상하다. 그럴싸한 이유를 찾아보니 '자매결연'이란 말이 눈에 띈다. '형제결연' '오누이결연'이란 말은 거의 쓰지 않는다. 같은 혈연이라도 자매는 그만큼 특별한 관계다. 언니와 동생 사이에 흐르는 정은 남달리 유난하다. 그래서 흔히 말한다. "형제는 용감하고, 자매는 애틋하다." 자매끼리 통하는 코드는 따로 있다는 이야기다.

　문학이나 미술 또는 영화나 드라마의 소재로 심심치 않게 등장하는 게 자매 관계다. 미술에서는 자매를 등장시킨 인물화가 많다. 그중에서도 드라마나 영화 못지않게 애절한 사연을 품은 서양화 한 점이 떠오른다. 소개할 작품은 영국의 화가 밀레이가 1856년에 완성한 〈눈먼 소녀〉다. 그림 속을 천천히 그리고 꼼꼼히 들여다보자. 이런 그림은 요모조모 뜯어봐야 이야깃거리가 무르익는다. 두 소녀가 앉은 곳은 논둑이다. 그 뒤로 누렇게 익은 곡식이 경작지를 따라 제법 너르게 펼쳐진다. 논밭 가까이에 새들이 내려와 알곡을 쪼아먹고, 멀리 목초지에는 소와 말이 어슬렁거리며 풀을 뜯어먹고 있다. 그 광경이 한가롭다. 화면에서 아련히 멀어 보이는 마을은 어떤가. 마을 위 하늘은 논밭과 전혀 다른 광경이다. 시커먼 먹장구름이 뒤덮고 있다. 드센 모양새와 달리 구름의 기운은 잠시 밀려나고 있는 듯하다. 그 사이에 쌍무지개가 거짓말처럼 떠 있는 걸로 봐서다. 조금 전까지만 해도 마을은 한바탕 몰아치는 소나기 세례를 받았다. 빨간 지붕을 때리는 빗소리가 요란했고, 수풀은 몸을 피하는 날벌레들로 부산했을 것이다.

　이 그림은 이처럼 다른 분위기를 자아내는 세 가지 장면으로 구성되어 있다. 먼 마을의 무지개 뜬 검은 하늘과 누렇게 무르익은 경작지 그리고 화면 맨 앞에 자리 잡은 두 소녀. 이 세 가지 요소가 한 공간 안에서 진진한 이야기를 만들어가고 있는 것이다.

존 에버렛 밀레이 | 〈눈먼 소녀〉 | 1856년 | 뉴욕 레즈갤러리 소장

이 그림의 주인공은 당연히 소녀들이다. 이들은 자매지간이다. 언니의 붉은색과 동생의 검은색 옷치레부터 살펴보자. 흙과 먼지에 절어 해지고 추레한 입성이 눈에 들어온다. 동생의 신발과 치마 끝은 진흙이 덕지덕지 묻었다. 남루하기 짝이 없는 꼴이다. 먼 길을 걸어온 듯 두둑에 털썩 주저앉은 자태에 피곤이 감돈다. 물어보나 마나 잠도 한뎃잠을 자는 신세일 터이다. 한여름 옷차림치고 두꺼운 걸로 보면 안다. 한낮의 소나기는 먼저 이 자매 쪽으로 퍼붓다 저 멀리 마을로 물러난 모양이다. 머리에 두른 숄은, 숄이라 해봤자 때에 절고 전 보자기에 불과하지만, 비를 피하는 데 그다지 쓸모가 없다. 동생은 금세 멈춘 소낙비가 믿어지지 않는지 아직도 언니의 숄에 살짝 숨었다. 동생은 고개를 돌려보고서야 알았다. 무지개가 막 떠오른 걸 말이다. 언니는 눈을 감고 있는데, 아예 장님이다. 눈먼 사람 특유의 표정이 얼굴에 그려지고 있지만 얼른 보면 꿈꾸는 듯한 느낌을 풍긴다. 무르팍에 놓인 것은 손풍금이다. 볼품없다 해도 그들의 호구지책으로 쓰일 구걸용 악기이니 소중한 물건이다.

 이쯤에서 앞뒤 이야기를 한번 맞춰보자. 자매는 하염없이 길을 걸어야 할 팔자다. 그러다 어느 마을 논둑에서 세찬 비를 만났다. 그들은 쏟아지는 비를 미처 피할 틈이 없었다. 마을은 걷기에 멀어 보인다. 도리 없이 두둑에 앉은 채 숄로 비를 그나마 가렸다. 다행히 비는 마을쪽으로 물러나고 논밭은 빛나는 노란색을 되찾

왔다. 마을 하늘은 아직 칠흑이지만 찬란한 무지개가 뜨자마자 금방 꽁무니를 빼고 물러날 낌새다. 눈먼 언니는 이 상황을 확인할 수 없다. 다만 빗소리가 잦아들자 '날이 개는구나' 하고 짐작할 따름이다. 아니, 이 모든 정황을 중계하는 메신저가 없지는 않다. 바로 나이 어린 동생이다. 언니의 왼손과 동생의 오른손을 보라. 손풍금 옆에서 서로 꽉 쥐고 있다. 우리는 안다. 저 꽉 쥔 손은 어떤 경우에도 놓치는 일이 없다는 것을. 쥔 손으로 길을 인도하고, 쥔 손으로 마음을 전하고 이야기를 주고받으며, 쥔 손으로 자매임을 증명한다. 동생은 언니에게 속삭인다. "오늘은 저 무지개 뜬 마을로 가서 빵을 구하고 잠을 청하자"고. 언니는 무지갯빛 예감에 설렌다. 동생의 달뜬 기대감에서 하루의 피곤을 씻어낼 거처와 주린 배를 채울 요리가 떠올랐기 때문이다. 언니의 오른손을 보라. 논둑을 더듬는 저 손길은 바로 곁 야생화에 닿게 될 것이다. 한 움큼 다발로 꽃을 뜯어 쥐고 희망이 있는 마을로 들어서리라. 마지막으로 언니의 어깨 위를 보라. 어디서 날아왔는지 나비 한 마리가 앉았다. 눈먼 언니도, 고개를 돌린 아우도 모르는 사이 나비는 하늘의 은총인 양 이들 자매를 축복하러 내려왔다.

 이 그림, 뻔한 통속적 문구로 말하자면, 눈물 없이 보기 힘든 그림이다. 마음 한구석이 뭉클해지며 촉촉해지는 그림이다. 이 그림을 그린 화가는 밀레이라고 했다. 그의 풀 네임은 '존 에버렛 밀레이John Everett Millais'다. 그 이름 앞에 '서Sir'라는 작위 하나가 더

붙는다. 이로써 짐작한다. 그가 당대 영국에서 존경받은 작가였던 것을.

어려서 밀레이의 재능은 비범했다. 그는 로열아카데미 역사상 최연소로 입학한 학생이었다. 고작 열한 살이었다. 입학 이후 내내 '꼬마'라는 별명으로 불렸다. 아카데미 원장은 밀레이의 그림 솜씨를 의심해 자기 보는 앞에서 직접 그려보도록 지시하기도 했다. 이미 아홉 살에 영국미술협회에서 은메달을 받은 그였다. 그것도 모자라 아카데미의 모든 상을 휩쓸다시피 했다. 그는 로열아카데미 원장으로 임명된 그해 1896년 런던에서 숨을 거두었다.

밀레이의 이 그림은 흥미롭게도 실화다. 어느 여름날 윈첼시 인근 마을에 머물던 밀레이는 한적한 논밭 길에서 이 자매를 목격했다. 마침 폭풍이 몰아치고 간 그 길목에서 붉은색 치마와 검은색 치마를 입은 가여운 소녀들을 보자 그는 가슴 밑바닥에서 끓어오르는 연민을 억누르지 못했다. 무지개 뜬 하늘을 결코 볼 수 없는 장님 소녀의 처지가 그의 맘을 흔든 것이다. 작품 〈눈먼 소녀〉에는 화가의 고조된 감정이 스며들었다. 그러나 들뜬 흥분은 없다. 색채는 선명하고 화려하다. 하지만 사치스러움은 없다. 빨강, 검정, 노랑의 대조적인 색감이 드라마틱한 이야기를 대신한다. 세부묘사 또한 치밀하다. 무릎에 놓인 손풍금, 논둑 위의 풀과 꽃 그리고 낡고 더러운 치마의 주름까지 세밀하게 신경 쓴 흔적이 보인다. 그러나 무엇보다 심금을 울리는 것은 자매의 이심전

심을 알려주는 장치다. 떨어질세라 힘껏 부여잡은 두 손에서 동기同氣간의 정이 사랑옵다. 그리고 하나 더, 언니의 어깨에 내려앉은 나비와 동생의 눈에 찬란하게 펼쳐진 무지개의 고운 선. 이것이 바로 자매의 운명을 따사롭게 이끌어주려는 화가 밀레이의 속 깊은 자비심이라 하겠다.

내가 매력을 느낀 남자가 있냐고?

사자 한 마리 털퍼덕 주저앉았다. 그가 누운 곳은 듬성듬성 풀이 난 평원이다. 저 멀리 첩첩한 준령이 보랏빛으로 물들어가는 걸로 보아서, 때는 해가 뉘엿할 무렵이다. 사자는 날렵하지 않고 둔중해보이는 몸피다. 화면 중앙에 버티고 있어 실제보다 커보인다. 한데, 표정이 영 시답잖다. 맹수다운 기세가 없다. 우두망찰 한 곳을 바라보는 시선이 게으르기만 하다. 그에게는 먹잇감을 노리는 흥분이 없다. 무료한 기색이 얼굴에 가득하다. 그래서인지 그림 제목이 〈움츠린 사자〉다. 그림을 그려도 하필 따분한 사자를 그린 까닭이 무얼까. 그 이유를 알려면 화가가 누군지 캐봐야 한다.

이 그림을 그린 이는, 놀랍게도 남자가 아닌 여자다. 암만 뜯어봐도 여성적인 감각이 안 보이는 그림이다. 돌아보면 안다. 서양이나 동양이나 20세기 이전만 해도 여성화가는 손에 꼽을 정도였다. 있어도 가물에 콩 나듯 했고, 그들은 그려봤자 정물화와 풍경화에나 손대는 존재로 얕잡혔다. 하물며 사자나 호랑이 따위의 맹수를 그리는 여자라니, 언감생심이었다. 터부가 깨진 것은 19세기 후반, 마침가락으로 한 여자가 튀어나온 뒤다. 그녀는 프랑스의 화가 로자 보뇌르Rosa Bonheur다. 1822년 보르도에서 태어나 1899년 퐁텐블로 인근에서 숨을 거둔 보뇌르는 남성화가만이 그려오던 동물화 분야에 뛰어들어 제 영토를 확장한 여성이다.

그녀의 성취는 우뚝하게 빛난다. 이는 괜한 공치사가 아니다. 미술의 역사가 수긍하고 나라가 인정했다. 그녀는 여성 최초로 프랑스 정부가 주는 레지옹 도뇌르 훈장을 받았다. 보뇌르의 동물화는 치밀한 묘사와 넘치는 역동성을 자랑했다. 성차별을 머쓱하게 할 만큼 실력 하나로 남성화가의 어깨를 내리눌렀다. 그녀의 대표작은 〈마시장〉이다. 이 그림은 그때까지 제작된 역대 동물화 중에서 가장 규모가 큰 것으로 유명하다. 그녀의 스케일을 짐작할 수 있는 사례다. 그림 내용은 어떤가. 수많은 말과 인간이 뒤엉켜 시장바닥의 땀냄새가 화면 밖으로 진동하는 생생한 역작이다. 오죽하면 영국의 빅토리아 여왕이 이 작품을 제발 가까이서 좀 볼 수 없겠느냐고 통사정을 했을까.

그 시대에, 게다가 여자의 몸으로, 동물화와 진검승부를 펼친 보뇌르의 투쟁은 눈물겹다. 그녀는 문턱이 닳도록 도살장에 드나들었다. 동물의 사체를 해부하는 끔찍한 광경을 맨눈으로 똑똑히

로자 보뇌르 | 〈웅크린 사자〉 | 19세기 | 영국 버밍엄뮤지엄&아트갤러리 소장

지켜보았다. 마시장에 찾아가서는 걷거나 뛰는 말의 미세한 근골 변화를 스케치했다. 그녀는 품위 있는 여성이 출입하기에 적절하지 않은 장소만 찾아다니는 꼴이 되었다.

보뇌르는 주위의 곱지 않은 시선을 피하고자 어쩔 도리 없이 남장을 했다. 머리를 짧게 자르고 바지를 입었다. 두꺼운 부츠를 신고 헐렁한 윗옷을 걸쳤다. 보뇌르는 남자 앞에서 남자처럼 행세했다. 그녀가 살던 시대는 오늘날의 눈으로 보면 참 어이없는 막무가내였다. 여자가 바지를 입고자 할 때는 어떻게 했을까. 반드시 정부의 허가를 받아야 했다. 보뇌르는 육 개월마다 한 번씩, 바지를 입는다고 당국에 보고했다. 길을 나설 때는 몸에 꼭 지녀야 할 것이 있었다. 그것은 '남장허가서'였다.

그녀가 미답의 영역을 개척하게 된 데에는 아버지의 영향이 컸다. 아버지도 화가였다. 진보적 사고를 지니고 사회참여에 열중했던 그는 남녀평등을 부르짖었다. 딸을 그저 보기 드문 여성화가로 키운 게 아니라 당당한 전업화가로 길렀다. 그 아버지에 그 딸이었다. 보뇌르 역시 노동과 결혼 제도에서 부당한 처우를 받는 여성의 현실에 울분을 품었으니 말이다. 그 당시 미술계의 억지는 더 했으면 더 했지 모자라지 않았다. 이를테면 여성화가가 남성 누드를 그린다 치자. 벗은 몸을 고스란히 그렸다가는 불호령이 떨어졌다. 여자가 그린 누드화에 수영복차림이 등장하는 이유가 거기에 있었다. 이 숨 막히는 압제의 시대에 보뇌르는 평지돌출로

맞섰다. 그녀는 페미니스트를 자처하며 세인의 눈총을 온몸으로 막았다.

다시 그림으로 돌아가자. 사자는 수컷의 당당함을 표현하기 좋은 소재다. 그림에 나오는 사자는 마침 수사자다. 멋들어진 갈기는 마초의 허세와 잘 어울린다. 말과 소, 노루, 양 등을 즐겨 그렸던 보뇌르가 수상쩍게도 사자를 그리면서 말하고자 한 것은 무엇일까. 이미 보아서 알다시피 이 그림 속 사자는 늙고 지친 모습이다. 들판을 호령하던 백수의 제왕다운 위용은 사라진 지 오래다. 털은 윤기가 다 빠졌고, 갈기는 축 늘어졌다. 꼬리는 힘이 풀렸고, 발톱에는 날카로움이 보이지 않는다. 한마디로 청춘의 열정이 사라진 수컷의 넋 놓은 모습이다. 이 사자에게는 용맹한 사냥의 추억도 희미하다. 보뇌르는 가부장적 가족제도에 넌더리를 낸 여자다. 그녀는 가까운 여성 한 명을 평생의 짝꿍으로 삼고 남자를 멀리했다. 이 때문에 보뇌르를 레즈비언으로 보는 사람도 있다. 그녀는 말했다. "내가 매력을 느낀 남자가 있냐고? 글쎄, 아무리 생각해도 내가 그린 황소밖에 없는 것 같다." 늙어 이빨이 빠진 사자는 마초의 처량한 앞날을 빼닮았다. 남성우월의 허장성세에 일침 놓기, 이것이 보뇌르가 그림을 그린 이유라 해도 지나친 말은 아니다. 맹수답지 않은 맹수는 그저 살아 있는 목숨붙이에 불과할 터.

보뇌르의 사자와는 다른 맛을 풍기는 조선의 호랑이 그림을 보

김홍도 · 강세황 | 〈송하맹호도〉 | 18세기 | 삼성미술관 리움 소장

자. 이 그림은 조선의 국가대표급 화가인 단원 김홍도와 그의 스승인 표암 강세황의 합작으로 알려진 〈송하맹호도松下猛虎圖〉이다. 제목 그대로 소나무 아래 용맹한 자태를 드러낸 호랑이가 사냥감을 노려보고 있다. 'S'자로 치켜든 꼬리는 치명적인 공격력을 뿜낸다. 앞다리와 뒷다리의 간격을 좁힌 채 잔뜩 웅크린 어깨는 금방 뛰쳐나갈 채비를 갖추었다. 마치 헤드라이트를 켠 듯 눈자위에 잔뜩 서린 안광은 공포를 자아낸다. 어디 하나 흠잡을 데 없는 맹수의 전형이다.

  이 호랑이 그림은 남근주의나 마초의 기상을 뽐내기 위해 그려진 것일까. 우리 옛 그림은 보는 그림이라기보다 읽는 그림에 가깝다. 그러니 속내를 잘 짚어봐야 한다. 소나무와 호랑이에는 다른 뜻이 숨어 있다. 소나무는 장수와 정월의 상징이다. 매화와 동백, 수선 등 해가 바뀌는 것을 알리는 식물 가운데 으뜸이 소나무다. 음력으로 한 해의 첫 달을 뜻하는 정월은 '인월寅月'로도 불린다. '인'은 물론 호랑이다. 소나무와 호랑이의 공통적인 상징이 바로 '새해'다. 새해를 맞은 사람에게 액막이하고 희망을 안겨주기 위해 그린 것이 이 그림이다. 허울만 남은 사자가 아니라 막 뛰쳐나갈 준비를 마친 호랑이처럼 기세등등한 나날이 되기를 빌어본다.

천하는 아무 일이 없다

 시끌벅적한 놀이가 끝나면 반드시 적막이 찾아온다. 유쾌하고 화려한 공연을 치른 배우는 무대 뒤에서 남몰래 고독에 젖는다. 열락은 짧고 우울은 길다. 그래서 옛사람이 말했다. '냉담한 가운데 무한한 풍류가 깃든다[冷淡中有無限風流].' 풍류도 풍류 나름, 요란한 풍류는 천격의 난장판에 불과하다. 고격의 풍류는 번다하지 않고 고요하다. '냉담'의 말뜻은 간단치 않다. '냉冷'은 그저 차갑고 쌀쌀맞음을 의미하지 않는다. 정신이 번쩍 들거나 깨어 있음에 가깝다. '담淡'은 싱겁긴 해도 흔들림 없는 평정상태를 이르는 말이다. 떠들썩한 자극에서 떨어져 홀로 깨어 있는 것, 그것이 냉담의 본질이다. 옛사람은 다시 덧붙인다. '천하는 본래 아무 일이 없는데, 어리석은 인간이 저 혼자 시끄럽구나[天下本無事 傭人自擾之].'
 천하에 이토록 적막한 풍경이 있을까. 이 적막은 왁자지껄한

카스파 다비트 프리드리히 | 〈해변의 수도사〉 | 1808~1810년 | 베를린 국립미술관 소장

소동 뒤에 밀려드는 허탈과 질이 다르다. 저절로 그러한, 문자 그대로 '자연自然'의 적막감이다. 자연은 원래 적막하다. 존재 그 자체일 뿐, 스스로 의미와 가치를 떠벌리지 않는다. 온갖 소음과 한심한 작태는 용렬한 인간들의 몫이지 자연이 의도한 바가 아닐 것이다. 화면의 분할을 눈여겨보자. 그림 오 분의 사가 몽땅 하늘로 뒤덮여 있다. 그 아래 푸르다 못해 검디검은 바다가 하늘에 맞닿아 있고, 밑바닥은 풀 한 포기 없이 황량한 땅이다. 이 삭막한 적요는 공포심을 불러일으킨다. 정답기보다 두려운 자연이다. 텅 비어 드넓은 하늘은 무력한 인간에게 한 마디 말도 건네지 않고, 바다는 납덩이처럼 침묵한다. 맹렬하고 치열한 절대고독의 풍경 속에 한 사람이 서 있다. 그는 수도사 차림이다. 우주와 마주한 단독자의 모습이 무릇 저러할 것이다. 그는 침묵하는 자연 앞에서 무엇을 깨닫고 무엇을 얻을 것인가.

이 작품은 19세기 독일의 낭만주의 화가 카스파 다비트 프리드리히Caspar Pavid Friedrich가 그린 〈해변의 수도사〉다. 프리드리히는 동시대 화가와 결이 다른 풍경화를 그렸다. 그는 아름다운 정경에 한눈팔지 않았다. 눈에 보이는 그대로 묘사하는 것도 피했다. 그는 말했다. "화가가 자기 내면에서 아무것도 보지 못한다면 눈앞에 보이는 것도 그리지 말아야 한다." 그의 풍경화는 근원을 알 수 없는 고독감이 배어 있다. 어린 시절 그는 동생과 함께 스케이트를 타다 얼음이 깨지는 바람에 동생이 죽는 사고를 겪었다. 동생은 그를 구해주려다 대신 죽었다. 그의 그림에 짙은 우수가 깔린 이유를 그때의 충격 때문이라고 보는 전문가도 있다. 또한 그는 신성이 깃든 숭고미를 풍경 속에 녹이는 데 특출한 기량을 발휘했다. 그는 "공기와 물과 바위, 나무를 충실히 그리는 것은 내 목표가 아니다. 나는 사물 속에 있는 영혼과 감정을 일깨우고 싶다"라고 했다. 자연의 풍경은 의미를 내세우지 않는다. 프리드리히는 거기에 영성靈性을 부여하고자 했다. 영성이 숨어 있는 자연은 소란스러운 인간의 눈에 띄지 않는다. 흔들리지 않는 자가 흔들리지 않는 것을 본다.

영원을 부러워하지 않는 찰나

글 쓰는 자의 공연한 소리

나는 이 글을 사석원이 시켜서 쓴다. 시켜서 하는 일에 흥 날 리가 없고, 시켜서 쓰는 글에 감동 있을 턱이 없다. 그런데도 나는 쓴다. 시켜서 쓰지만 내켜서 쓰기로 마음먹었다. 그렇게 된 이유를 꼽아본다. 전시를 앞둔 화가의 그림에 대해 이러쿵저러쿵 평문을 쓰기에 나는 자격미달이다. 미술평론가로 데뷔한 적이 없고 작가도 아니기 때문이다. 그러나 사석원이 나에게 시킨 까닭이 정작 그것 때문인지 모른다. 일간지에서 미술기자 생활을 했고, 미술에 관한 책을 냈고, 그림을 어지간히 좋아하기도 하고, 작가의 내면에 대해서도 들은 게 있고, 뭐 그런 따위의 허접한 이유를 든 게 아니라, 이를테면 잘 알지도 않고, 그렇다고 잘 모르지도 않는 '반풍수의 희떠우나 신명나는 자유'를 지켜보고 싶다는 뜻은 혹 아니었을까. 반풍수 노릇은 내가 늘 하는 짓이라 내켜 쓰는 이유가 된다. 그는 정평에 식상했을지도 모른다. 나도 정실의 바른소리는 지겹다. 다만 그가 남들이 다 인정하는 미술시장의 인기작가라는 점은 좀 걸린다. 인기는 감상자의 판단을 흐리게 하며 맹목적인 지지를 유발한다. 덩달아 그를 품평하는 글은 대낮에 켠 촛불이기 쉽다. 그러나 그것이 멋쩍고 무용하기에 오히려 책임을 덜 느낄 수 있다. 촛불 하나 더 들었다고, 남들 눈총과 입살에 오를 것 같지도 않다. 그래서 내켜하는 이유가 되었다. 마지막으로 그의 그림은 쉽고 편하고 재미있다. 말 보시 없이도 복된 감상이 주어지고 글 보탬 없이도 즐거운 연상이 펼쳐진다. 이것은 덧붙일 말과 글의 부질없음을 뜻하지만 부질없는 말과 글을 덧붙여도 되는 이유가 된다. 내 마음대로 지껄여도 된다는 것은 쉬운 그림이 베푸는 은전이다. 멍석 깔아준 김에 깨춤을 추기로 작정한 것은 그러저러한 명목이 있었기 때문이다. 나는 속 편하게, 홀가분하게 글머리를 잡았다.

극소량의 미약을 맛보다

나는 사석원의 그림을 한마디로 압축한다. 그것은 '영원을 부러워하지 않는 찰나의 황홀'이다. 사석원은 나에게 말했다. "나에게 내일은 없어요." 무슨 게송이나 읊조리는 투로 '그림 그리는 건달'의 적막 또는 행복을 그는 그렇게 표현했다. 그는 적막에 싸여 색칠로 올인하고 행복에 겨워 붓질로 날 샌다. 그에게는 내일만 없는 것이 아니라 오늘도 없다. 있다면 오직 그리는 순간이 있을 따름이다. 놀라운 집중력과 다산성을 보여주는 사석원을 작가 임옥상은 '그림 귀신'이라고 부른다. 그의 그림에서 한 움큼의 미약처럼 아찔함이 풍기는 것은 그림을 그릴 때의 공감각적 몰입이 전염된 탓이다.

그에게 그림은 몰입 끝에 오는 오르가슴이다. 나의 오르가슴을 너에게 전달하기는 불가능하다. 그 뼈와 살을 저미는 관능의 축제를 무슨 수로 설명하고 무슨 수로 맛보게 하랴. 그는 자신의 오르가슴을 희한하게도 남이 공유하게끔 그릴 줄 아는 화가다. 그것도 일초직입—超直入의 즉발적 지경에 올라 있다. 형태와 색채가 내통한 끝에 얻어지는 찰나의 희열……. 그 순간 그는 '내일은 없어요'가 아니라 '죽어도 좋아요'라고 말하는 것 같다. 섬광처럼 명멸하는 황홀, 영원과 맞바꾸어도 아깝지 않을 것 같은 환각, 그 황홀과 환각을 부르는 극소량의 미약을 사석원은 캔버스에 살짝 뿌려놓는다. 그의 미약을 한 번이라도 맛본 사람들은 즐거이, 서둘러, 눈먼 지지를 보낸다.

천진성은 잘 노는 데서 나온다

나는 지금 사석원이 그린 〈바닷새〉를 보고 있다. 그는 겸연쩍은 표정으로 그림을 설명한다. "여기는 바다로 에워싸인 섬입니

사석원 | 〈바닷새〉 | 2004년 | 개인 소장

다. 날 곳이 마땅찮아 주춤하고 있는 새가 있지요. 새는 갇힌 듯한 꼴이지만 그래도 날개가 있잖아요. 고독과 동경이 교차하는 상황이랄까요. 검은색으로 그런 느낌을 내보았습니다. 새는 동양화 그릴 때 쓰는 큰붓으로 휘갈겼습니다. 사군자 치는 느낌으로 말이죠. 유화 물감을 기름에 잘 풀어 점도를 낮춘 뒤 먹물처럼 만들어 썼지요. 굳이 골법용필骨法用筆이라고 할 것까진 없지만 동양화 붓으로 파묵과 속필의 효과를 나름대로 표현했지요. 캔버스를 세우지 않고 눕혀서 그렸는데, 중력의 편안함이 있고 중봉中鋒을 유지

할 수 있어서 좋습니다. 새를 그릴 때, 저는 청나라 팔대산인의 붓질을 떠올리죠. 그의 그림에서는 붓질보다 몸부림이 보이거든요."

그는 그렇게 말했다. 나는 이렇게 보았다. 캔버스는 줄줄 흘러내리는 푸른색 아크릴로 밑칠되어 있다. 바다의 수평적 이미지보다 동요하는 수직의 이미지가 새와 어울린다. 착지한 상태이지만 언제든 비상할 수 있는 자태다. 사석원의 새는 아직 날지 않는다. 동물인 새는 날지 않는 정물일 때, 보란 듯이 완상의 대상이 된다. 몸통에 박힌 빨간색, 노란색, 초록색 그리고 금박은 어여쁘고, 흰 눈으로 보는 새의 세상은 인간의 눈으로 보는 세상과 다를 것이다. 누가 그리든 그림 속에 갇힌 새는 개체의 독특함에 주목하게 한다. 하지만 새는 창공의 날갯짓으로 생명의 몸짓을 완수한다. 정물로서의 새, 조롱 속의 새는 포박된 자연에 불과하다. 울음을 울고 형형색색의 외피로 인간의 귀와 눈을 즐겁게 해도 사로잡힌 개별성에서는 실존의 관계성을 파악하기 어렵다. 홀로 생태를 이루진 못한다. 날 때는 어떤가. 홀로 날든, 모여 날든 날것이 나는 것은 실존하는 운명의 스스로 그러한 표현들이다.

사석원의 바닷새는 날지 않고 꼬리친다. 저 꼬리치는 유혹은 비록 희박한 전조이지만 생명의 마땅한 움직임이리라. 화가는 빠른 붓질과 튀는 검정색으로 새의 생명을 부여하는 기쁨을 과장한다. 그는 캔버스를 눕혀 중봉을 살렸다고 말했다. 붓끝이 그어진 선의 중심을 이끄는 중봉은 골기를 세우기 위한 수단이다. 아무래도 그는 서양화의 살집보다 동양화의 뼈대를 중시했음을 설명하고 싶었을 것이다. 물에다 먹을 갈아 쓰는 대신 테라핀과 린시드 유에 오일 컬러를 충분히 풀어 쓸 때, 붓질이 제아무리 빨라도 남은 흔적은 날렵한 귀얄의 자취처럼 성글고 경쾌한 표현에 닿기 어렵다. 그것이 서양화 매재가 지닌 특성이자 한계다. 그러니 붓이 꺾이거나 반전하면서 드러나는 상큼한 비백과 바탕의 우연성을 십분 활용하는 번짐과 바림은 기대하기 힘들다. 모필과 한지가 만들어내는 표현효과를 캔버스에서 성사시키려는 작가들의 노력은 줄기차고 가상하지만 자칫 동도서기東道西器의 모양 사나운 과욕만 들키기 십상이다. 사석원의 속효성 있는 붓질은 기법으로 따지기보다 주제의 추상성을 강조하는 나름의 방식으로 보는 게 편하다. 새의 꼬리를 처리한 속필과 감필의 매력적인 붓질은 생동하는 기운을 압축한다. 그것은 명사형 생명이 동사형 생명으로 탈바꿈하는 모습이다. 거기에 묵희墨戱가 개입한다. 생명의 비길 데 없는 천진성은 무릇 발랄하게 노는 데서 나온다. 잘 노는 것, 정신이 팔린 채 노는 것, 놀면서 까마득히 잊는 것……. 사석원은 고독과 희망이 뒤섞인 파란 바다와 암울하지만 묵시적인 검은 새로 그 순간의 황홀을 포착했다.

용솟음치는 유희정신

생명을 희롱하는 〈바닷새〉를 건너오니 뒤뚱거리는 육지의 조

사석원 | 〈닭〉 | 2004년 | 개인 소장

류 〈닭〉이 나타난다. 사석원은 〈닭〉 앞에서 말했다. "나무판에 캔버스 천을 씌워 그렸지요. 닭의 몸뚱이에 다 쓰고 남은 물감 튜브를 붙여봤어요. 물감 튜브는 산더미처럼 쌓입니다. 붓은 빨아서 다시 쓰지 않고 털이 뻣뻣해지도록 놔두기 때문에 금방 버리는 것이 많아지는데, 그런 걸 오브제처럼 이용해서 몇 작품을 만들었지요. 〈자화상〉이란 작품도 물감 튜브와 붓을 덧붙인 겁니다. 튜브는 건축용 자재로 쓰이는 핸디코트 위에 붙였어요. 거기에 물감을 드리핑해서 운동감을 주었습니다. 닭의 눈알은 물감 뚜껑이지요. 주변에 별들도 그려넣었으니 새벽닭이겠죠? 아침을 알리는 동물인데, 아직은 울지 않고 막 목청을 뽑으려 합니다."

 호랑이나 닭을 그릴 때, 사석원은 형태를 잊는다. 잊는다기보다 그것의 색깔에 현혹된다. 알록달록한 색깔과 어룽어룽한 무늬를 넋 놓고 지켜보는 화가와 그 화가를 둘러싸고 있는 풍경이 일순 정적을 이룰 때, 그것은 일상적 콘텍스트와 어울리지 않는 장면이 된다. 그는 흔히 동심을 그리고 동화적 분위기를 연출하는 화가로 알려져 있다. 생뚱맞은 짐작은 아닐 것이다. 다만 무엇이 동화이고 무엇이 동심인지, 갈래 다른 염을 품은 사람들 사이에서 그런 얼추 짐작은 공약公約에 이르기 힘들다. 그의 그림에 보이는 동심은 유아성에의 매몰인가. 그의 그림에서 보이는 동화는 일상의 환기나 풍자로서의 우화에 가까운가. 그도 저도 아니라면, 이것은 화가의 정형화된 이상으로서의 아이콘인가. 나는 그에 대한 대답에 힘이 부친다. 어린 시절에 대한 그의 기억을 들으며 실마리를 더듬을 따름이다.

사석원은 일곱 살이 될 때까지 말을 잘 못했다. 말수가 적고 어눌했다. 가족과 소통하는 방식으로 그는 그림을 그렸다. 그림으로 말을 대신했다. 배 깔고 엎드려서 그림 그리는 것이 도리 없는 방편이자 유일한 낙이었다고 했다. 초등학교 육학년 때까지 숙제를 해간 적이 없어 육 년 동안 뺨을 맞았다. 선생이 보기에 '공부에는 별 볼일 없는 녀석'이었다. 그러나 반 고흐의 그림을 베끼고 도감 속의 동물들을 통째 그리면서 밀실의 행복을 만끽했고, '새들의 울음소리에는 왜 귀 기울이지 않나'라고 나무라는 피카소에게 마음이 흔들렸다. 그의 독백에 자폐적 우울은 보이지 않았다. 차라리 '능동적 유폐'에 가까운 음색이 그의 어조에 묻어 있었다. 회상의 뒤끝을 다음과 같이 마무리할 때, 나의 추측이 크게 틀리지 않다는 것을 알았다. "지금도 사람 만나는 것이 아까워 그림을 그립니다."

닭이나 소, 호랑이, 당나귀, 염소, 올빼미 등을 줄곧 그리며 사석원은 무엇을 생각하고 있을까. 아이들을 기쁘게 하려는 꿈? 어른들을 어린 시절로 돌아가게 하려는 욕심? 동화를 잊은 세상에 동화를 떠올리게 하려는 의도? 그런 꿍꿍이셈으로 닭과 염소와 당나귀를 쳐다보고 있다고? 아무래도 아귀가 맞지 않는 것 같다. 그는 과연 무슨 생각을 할까. 궁리해 본 끝에 내가 내린 결론은 다른 생각은 없고 오로지 자신을 기쁘게 할 생각뿐이라는 것! 소통 수단으로 그림을 그려도 그에게 소통은 수단에 불과했다. 소통은 상대를 이해시켰지만 그러나 그 소통은 자족의 덤이었다. 그가 기뻐하고 남은 우수리가 보는 자에게 떨어진 몫이었다. 그는 자족에 배타적으로, 독점적으로 탐닉해 왔다. '도리 없는 방편'이 '유일한 낙'이 되자 그는 더 나은 방편을 찾지 않고 낙에 빠져들었다. 그의 즐거운 유폐를 혹자는 동심이라 부르고 동화라고 부른다. 그의 그림이 일상적 콘텍스트에서 떨어져나온 것처럼 보일 때, 관객이 눈치채야 할 것은 화가가 은밀하게 독식하고 있는 황홀한 낙이다. 그것을 알아야 관객도 더불어 희희낙락할 수 있다. 〈닭〉은 사석원의 흥에 제 몸을 기꺼이 바친 닭이다. 하기야 그가 그리는 동물치고 기쁨의 제물 아닌 것이 어디 있으랴. 이 그림은 포만감으로 보는 이의 눈을 가득 채운다. 물감 튜브를 덕지덕지 몸에 휘감은 채, 기쁨에 날뛰는 닭털은 흩뿌린 물감 자국으로 어지럽다. 용솟음치는 유희정신이 과도한 조형으로 나타나고, 남발하는 색채가 형태를 일그러뜨릴 때, 이를 그리는 사석원의 엔도르핀은 한사리를 이룬다.

잘 참는 자에게 주는 선물

〈먼동〉은 서정적인 공간감이 잘 드러난 작품이다. 날이 샐 무렵의 먼 동쪽 하늘이 떠오르는 듯 사석원은 동화를 읽는 목소리

사석원 | 〈먼동〉 | 2004년 | 개인 소장

로 말한다. "저 멀리 밤하늘에는 작은 별들이 총총하고 당나귀는 섬에 올라서서 장미꽃을 지고 있지요. 당나귀는 몸집이 작지만 고집이 세고 힘도 세서 척박한 곳에서 잘 삽니다. 그놈은 공연히 힘이 센 바람에 무거운 짐을 자초하는 것 같아요. 얼굴이 참 매력적이라 그리기 시작했는데, 내가 당나귀를 닮았다고 남들이 말하더군요. 내가 닮고 싶은 모습이 당나귀이기도 하죠. 저도 당나귀처럼 힘든 게 있습니다. 장손이라 남달리 꿋꿋함을 강요받기도 하고……. 꽃은 그런 당나귀에게 주는 아찔한 선물 아닐까요. 순간순간이 다 감동이라 느낄 때가 있는데, 화려한 장미꽃은 그때 가장 어울리는 선물입니다."

새벽하늘이라도 청천하늘이다. 하얀 별들이 무수히 찍힌 코발트블루의 하늘은 울트라마린의 바다와 몸을 섞는다. 장미 등짐을 진 당나귀는 근경에서 저 먼 하늘과 바다의 친애하는 교합을 지켜보고 있다. 당나귀는 세상이 안겨준 선물을 잔뜩 지고 있기에 하늘과 바다의 사랑놀음이 부럽지 않다. 장미는 화가 말마따나 열정의 선물이다. 그 뜨거운 정염을 농축시켜 붉은색을 만들고 아우성치는 사랑으로 낱낱의 꽃잎을 입 벌리게 한다.

사석원은 자축하고 싶을 때, 꽃을 그린다. 그는 잘 참아내는 자신에게 세상이 선물을 가끔 준다고 말하지만 이를 기다리지 않고 먼저 자위한다. 세상보다 앞서 자신의 대견함을 치하하고 싶다. 그는 정말 잘 참아낸다. 남들이 하는 허튼소리에도 대꾸하지 않고

늘 태연하다. 십여 년 전 어느 술자리에서 한 화가가 그에게 '카드 같은 그림이나 그리는 놈'이라고 퍼부은 적이 있었다. 미술동네에서 그 말은 '작가정신이 치열하지 못하다'는 뜻이거나 '상업적인 작가'의 또 다른 표현으로 통한다. 사석원은 입을 꾹 다물었다. 버선목이라 뒤집어보지 못했지만, 사석원의 속내를 알 것도 같다. 그는 속으로 중얼거렸을 것이다. '저 사람 카드 받아본 적이 없구먼.' 사석원은 카드나 선물이 얼마나 두근거리는 감동인지 안다. 그 감동을 남들 눈에 뻔히 내보이고 싶을 때, 그는 꽃그림을 양산한다.

사석원은 찰나의 황홀을 적시에 간파하는 눈이 있다. 타이밍을 놓치지 않는다. 앞서 세 작품을 설명한 그의 말에도 단서가 들어 있다. 〈바닷새〉는 막 날아오르기 전 꼬리치는 모습이다. 〈닭〉은 새벽을 알리려고 목청을 가다듬는 순간이다. 〈먼동〉은 동틀 무렵이다. 이것뿐이 아니다. 출품작 중에는 〈매화에 놀란 수탉〉이 있고, 〈산을 뚫고 나온 소〉도 있다. 순간을 쪼개고 싶고, 찰나를 붙들어 매고 싶고, 섬광을 놓치지 않으려는 사석원은 온몸이 성감대다. 사소하기 짝이 없는 일상에도 그의 촉수는 민감하게 떨린다. 그는 최근의 글에서 자신의 일상사를 적었다. 시장에서 물감을 사고, 닭곰탕을 먹고, 버스를 타려다 택시를 타고, 축구 중계를 보고, 새벽까지 그림을 그리고, 집에서 영화를 보고, 포도주를 혼자 마시고 하는 따위의 하루치 일기를 기록한 뒤 마지막을 이렇게 마무리했다. "시시콜콜한 이야기를 왜 쓰느냐고 사람들이 물을지 모르겠다. 왜냐고? 그건 일생일대의 사건이기 때문이다. 물감을 사러가고 닭곰탕을 먹고 축구 중계를 보고 영화를 보며 포도주를 마시고 이 모든 게 사건이다. 전무후무한 것이다. 비슷한 일상 같지만, 말할 수 있지 않은가. 세상에 하찮은 것은 무엇일까. 그리고 그 사건의 주체는? 바로 나다. 지구 역사상 최초의 나다. 이전에도 이후에도 없으리라. 시시각각 벌어지는 모든 것이 사건이고 감동이다. 위대한 순간들, 그 순간들의 한가운데에 내가 있다. 빛나는 나다!" 그가 쓴 이 글의 제목은 물론 「빛나는 나」다.

얼토당토안한 상상이 즐겁다

〈붉은 튤립〉은 유머가 있는 그림이다. 사석원도 그렇다며 맞장구친다. "이 사람은 이종격투기 선수입니다. 살벌하고 처절한 싸움 끝에 이겼는데 눈부신 튤립 다발을 받았지요. 저는 맞으면 죽을 것 같고, 때리면 죽일 것 같아서 싸워본 적이 없습니다. 격투기는 노예들의 생존수단이자 귀족들의 놀음이었지요. 링 위에서 피 튀기는 격투를 하고 만신창이가 되어도 승리하자마자 웃음 짓는 그 모습이 퍽 인상적입니다. 승리자의 머리에 앉은 새는 야수성과 어울리지 않고 튤립 또한 고귀함 때문에 이 장면에 어울리지 않는 감이 있습니다. 그것 때문에 '처절한 황홀'이라 할지 모르지만, 저는 아픔과 슬픔도 유머러스하게 나타내려고 해요. 어른인 저는

사석원 | 〈붉은 튤립〉 | 2004년 | 개인 소장

결코 천진할 수 없는 존재이고, 오히려 감추지요. 이 그림은 애들이 그릴 때처럼 후다닥 그렸습니다. 한두 시간이나 걸렸을까요."

사석원은 원래 그림을 빨리 그린다. 에스키스인가 하지만 완성작이다. 즉흥과 충동이 날것으로 드러나기도 한다. 그것만으로 그림이 되는 것은 엄연히 화가의 재주에 속한다. 이 그림은 숫제 아동화처럼 그렸다. 붓질의 신속함도 그렇지만 얼굴 표정이 우스꽝스러운 것, 면보다 선 위주로 그린 것, 보는 것보다 아는 것 위주로 그린 것 등이 아동화의 특질을 보여준다. 무엇보다 그린 이의 마음이 빤하게 드러나 있는 것이 웃음 짓게 한다. 흠씬 두들겨 맞았을 것이 분명한데, 이 선수는 행복에 겨운지 입이 귀에 걸렸다. 피멍이 들었을 볼에는 넌지시 연지까지 찍었다. 이 얼굴의 상태는 환희 아니면 펀치 드렁크punch drunk의 후유증이다. 사석원은 끝까지 환희라고 우긴다. 그 우김이 주제와 다행히 맞아떨어진다면 가슴팍에 안은 튤립 다발과 난데없이 날아온 팔색조 때문일 것이다. 선량하다, 사석원이여. 아픔을 기쁨으로 그리는 자, 홍복이 그대 것일지니.

사석원의 심약心弱 혹은 섬약纖弱은 태생이다. 대학 다니면서 아현동 작업실에서 먹고 자는 생활을 할 때, 그는 외로워서 쥐를 길렀다. 쟁반에 먹을 것을 담아주곤 하자 온 동네 쥐들이 작업실에 모였다. 나중에는 서랍을 열어도 쥐, 장롱을 열어도 쥐였다. 사석원은 쥐띠다. 그래도 쥐랑 함께 살 팔자는 아닌 모양이었다. 그때

질려서 그런지 안 그런 동물이 없어도 쥐는 그리지 않는다. 그림에 쥐를 캐스팅하지 않는 것으로 겨우 앙갚음하는 그런 됨됨이가 사석원답다. 뒤이어 고양이를 길렀는데, 천년토록 같이 살자고 이름을 '천순이'라 지었다. 그 천순이가 오백 년도 살지 못하고 잠자던 사석원에게 깔려죽었다. 그는 천순이를 연세대 뒷산에 묻었다. 진혼해야 한다며 친구에게 졸라 곡 하나를 배웠다. 천순이의 봉분 앞에서 그가 부른 노래는 슈베르트의 〈안젤모의 무덤〉이었다.

그 속에 무엇이 들어 있는지는 몰라도, 그의 가녀리고 조신하고 다감한 품성은 때론 가당찮은 상상조차 당연시한다. 예를 들어 쥐에게 파먹히는 어린 닭의 운명에 대해서 말할 때다. "쥐가 어린 닭을 파먹는 걸 본 적이 있지요. 닭은 편안하게 죽습니다. 몸부림 치거나 괴로워하지 않는 게 참 이상했는데, 나중에 알겠더군요. 쥐가 닭의 겨드랑이를 물면 간지러울 것 아니겠어요. 기분이 좋을 지도 모릅니다. 가만히 대고 있다가 어느 결에 다 파먹히는 거지요." 골병 든 격투기 선수인데도 그림 속에 무참한 주먹질의 상흔이 전혀 보이지 않는다고 혹 나무라는 사람이 있다면 저 '얼토당토안한' 사석원의 '판타스틱 리얼리즘에 기초한 상상력'을 들려주고 싶다.

캔버스가 팔레트다

〈풍악〉에 대해서 말할 때 사석원은 약간 들떴다. "금강산에 가

본 적이 없습니다. 떠오르는 생각으로 그리다보니 색감도 제 맘대로 골랐지요. 마음을 빙자한 금강산 풍경이라고나 할까요. 이번에 인왕산의 사계절 풍경도 출품했습니다. 어릴 때의 추억이 깃든 산인데, 실제로 그리려고 요모조모 뜯어보니까 흥겨운 산이더군요. 겸재 정선이 그린 인왕산도 연상이 되고……. 겸재는 금강산을 숱하게 그렸는데 제가 그린 〈풍악〉도 그의 금강산 그림을 참고로 했지요. 동양화를 하는 이들이 대개 사군자를 치고 나서 산수를 그리는데, 처음에는 산수를 그리는 게 선뜻 내키지가 않더라고요. 그리면서 만만찮은 화목畵目인 걸 느꼈습니다. 이 그림은 사 미터가 넘는 대작인데, 물감이 엄청 들었습니다. 아마 다 마르자면 한 사 년이 걸리지 않을까 생각됩니다. 전경의 가을산보다 후경의 뾰족뾰족한 돌산을 배치하는 게 재미있었습니다."

   산에는 돌로 이루어진 석산이 있고 흙으로 이루어진 토산이 있다. 이 그림을 보는 관객은 산의 성분에 하나를 더 추가할지도 모르겠다. 바로 색산色山이다. 그야말로 색이 산을 이룬 그림이 사석원의 〈풍악〉이다. 울퉁불퉁한 산의 겉모습을 가까이 가서 보면 돌출하는 색채의 촉감에 우선 기겁할 지경이 된다. 그가 이 산에 갖다바른 물감의 양을 알고 나면 또 한 번 경악할 터이다. 그는 전시를 앞두고 네덜란드 제 렘브란트와 프랑스 제 르 프랑 물감을 모두 합쳐 천만 원 어치나 샀다. 물어보지 않았지만 그는 이 그림에 기백만 원의 물감을 썼을 것이다. 작가의 배짱이 드러나는 대목이다. 물감 이야기를 더 해보자. 사석원은 팔레트를 거의 사용하지 않는다. 기름에 개어 희석하지 않으니 캔버스가 곧 팔레트인 셈이다. 그는 물감을 캔버스에 바로 짜버린다. 혼색을 통한 물감의 미묘한 질감을 그 캔버스 바닥에서 연출하는 방식이다. 육질이 풍성한 물감들이 서로 섞여 덩이를 이루면 그때 굳은 붓으로 쓱쓱 밀어내며 원하는 형체로 나아간다. 얼른 봐서 그의 선조線條가 미묘한 맛이 떨어지는 것은 그런 연유다. 물감이 발현하는 형과 색의 양괴적量塊的 질감을 흔히 '마티에르'라고 부른다. 그에 비해 '텍스추어'는 재료 자체가 지닌 원질의 상태와 느낌을 지칭한다. 마티에르는 인위적 조형의지의 결과인 셈이다. 사석원은 종종 텍스추어와 마티에르를 한 화면에서 혼융하려는 의지를 보인다. 텍스추어나 마티에르는 모두 작품을 이루는 성분이자 속살이다. 성분은 형상을 완성하지 못하나 형상은 성분으로 완성된다. 마티스와 반 동겐 등 야수파들의 작품, 놀데Emil Nolde와 코코슈카Oskar Kokoschka 등 표현주의자들의 작품을 보노라면 그들이 창조해 낸 회화적 이념이 순전히 색의 질감에 의지해 있다는 사실에 놀라게 된다. 강력한 왜곡과 거침없는 분노를 드러낸 그들의 형상은 원초적인 색깔, 섞거나 희석시킨 색이 아닌 순연한 색깔로 완성된다. 색의 질감이 내용을 결정한 것인바, 텍스추어와 마티에르는 스스로 발언하고 나아가 이야기를 꾸미고자 한다. 사석원의 그림에서도 텍스추어와 마티에르는 기어이 제 힘으로 서사구조에 도달하고자 한

사석원 | 〈풍악〉 | 2004년 | 개인 소장

다. 이 그림 〈풍악〉에서 주의 깊게 따져보아야 할 부분이 있다면 그것은 형상과 재료, 그것들의 합주가 빚어내는 강력하고도 황홀한 화음일 것이다.

또 다른 황홀로 접어들며

사석원은 일주일에 6.5일은 술을 마신다. 그중 삼 일은 새벽에 혼자 마신다. 그래도 술 마신 채 그림을 그리진 않는다. 그는 그 이유를 "그러잖아도 그림이 난잡한데 술까지 마시고 그린다면……"이라고 말한다. 그럴 것이다. 그가 그리는 황홀경이 취필인데, 취필로 황홀경을 덧칠할 까닭이 없다. 나와 사석원은 작업실에서 빠져나와 술집으로 발길을 돌렸다. 그는 술버릇이 좋다. 취해도 들키지 않을 정도다. 나잇살이나 먹은 내가 먼저 흔들린다. 몇 순배 소주잔이 돈 뒤 묻고 답했다.

그림 그릴 때 떠오르는 작가가 따로 있는가.

"어릴 때부터 반 고흐를 모사해서 그런지 색감이나 붓질, 질감에서 그의 영향이 남은 것 같다. 형태는 피카소가 좋고, 동물을 그릴 때는 제백석齊白石이 떠오른다."

제백석이 그랬지. "나에게 세상에서 가장 빼어난 두 손이 있다지만 사람들 가려운 곳 긁어주기가 가장 어렵더라."

감탄할 만한 작가는 있는가.

"이우환 선생의 내공이 대단하더라. 김종학 선생의 〈새〉를 보고 놀랐다. 나의 새는 발랄하기만 한데 그의 새는 애처롭다. 그 그림 앞에서 의기소침했다."

왜 자꾸 온 세계로 돌아다니나.

"노는 데 여행만 한 것이 없다. 내 체질이 여행과 맞다. 낯선 곳에서 서성거리는 재미가 으뜸이다. 그런데 사하라 사막에 가서도 먹고 싶은 것은 홍어와 산낙지였다."

사는 고통과 세상의 모순을 그려볼 생각은 없나.

"세상은 뭐라 해도 아름답다. 억압과 독재 속에서도 별은 빛나더라."

사석원의 황홀은 이미 울혈이 진 듯하다. 더 이상 묻지 않기로 했다. 술이 서서히 두 사람을 삼키고 있다. 구양수가 그랬던가. '인생사 어느 곳이 술잔 앞만 하랴[人生何處似樽前]'. 화가 아닌 나는 술이 그림보다 황홀하다. 그 황홀에 취해 중얼거렸다. "그런데 말이야, 세상에 더 나은 것이 있기나 한 거야?"

꽃 피는 삶에 홀리다

초판 1쇄 발행 2009년 3월 23일
개정신판 2쇄 발행 2019년 3월 14일

지은이 | 손철주
펴낸이 | 정상우
편집 | 이민정
관리 | 남영애 한지윤

펴낸곳 | 오픈하우스
출판등록 | 2007년 11월 29일(제13-237호)
주소 | 서울시 마포구 동교로13길 34(04003)
전화 | 02-333-3705   팩스 | 02-333-3745
facebook.com/openhouse.kr
instagram.com/openhousebooks

ISBN 978-89-93824-67-4 (03810)

- 잘못된 책은 구입처에서 바꾸어 드립니다.
- 값은 뒤표지에 있습니다.
- 저자와의 협의에 의해 인지를 붙이지 않습니다.